聞き書き

山どこ及位《のぞき》 その日その日

日置麗香

山形県最北部の山村にみる昭和の暮らし

敬文舎

装丁・表組作成
竹歳　明弘（STUDIO BEAT）
地図作成
蓬生　雄司
編集協力
阿部いづみ

目次

はじめに……10

コラム 長瀞小学校「想画」との出会い……15

序章❖山形県及位地区の山々……17

山形県最北の地、及位地区……18

山は共有財産……22

第一章❖山どこ及位……27

塩根川の山々……29

雪崩……30

雪道……45
部分林……54

第二章 ❖ 炭焼き……57

炭山……59
炭窯……67
小屋掛け……81
製炭……88
炭出し……91
炭検査と「炭庫」……96
炭背負い……106
「炭焼き」こぼれ話……110

第三章 ❖ 山のめぐみ……113

草刈り場……115

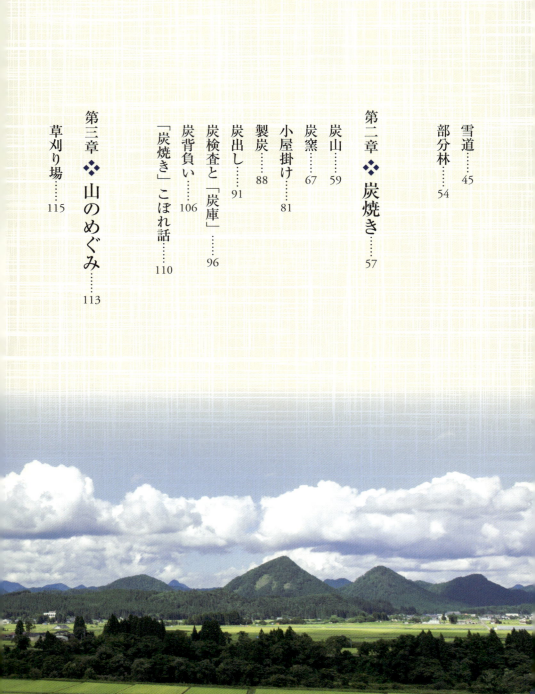

山菜……117
①山菜いろいろ……117
②バッケ採り……124
③カダゴ（カタクリ）採り……126
④ヒロコ採り……128
⑤ジュウナコとシバザクラ……130
⑥ゼンマイ採り……132
コラム ゼンマイ採り解説……137
天スギとブナ……144
第四章 ❖ 女性と子どもの仕事……151
女性の仕事……153
子どもの仕事……156

第五章 ❖ 零細農家の子どもと女性
――Kさんの生活史……165

幼い日の記憶……167
子守り奉公……170
女中奉公……173
機場で奉公……177
戦後の子育て……179
時代の変化……184
現在……188

第六章 ❖ 農家の嫁……191

まきこさんのこと……193
大規模農家の生活と子どもの仕事……194
嫁の苦労……200
夫の死と再婚……207

子どもの教育……213
そして現在……216

終　章 ❖ 解説にかえて……221

はじめに……222
昭和前期の農村社会……223
「わがさ」（表層雪崩）……234
炭焼き……236
藁仕事……238
及位の共働精神……242
Kさんとまきこさん……244
おわりに……252

凡例

・年号は和暦を基本とし、適宜西暦を補った。

・「聞き書き」の部分では、当時の言い方を尊重し、「塩根川《しよねが》」「雪崩《なで》」のように、現地で使用されていた言い方の振り仮名をつけたものもある。

・p. 28、58、114、152、166、192の版画に関して、原著にタイトルがない場合、内容を勘案して編集部でタイトルをつけた。

・佐藤壽也氏が作成した図面（p. 72〜80、86、87）には縮尺が書かれているが、これは原図の縮尺であり、印刷上の縮尺がそのまま図面の縮尺ではない。

■掲載写真

佐藤壽也撮影・提供　p.12、17、27、36、40、45、57、61、113、151、165、191、221

佐藤廣画　p.53、60、116、120、131

『画文集 昭和の記憶』（長瀞小学校画文集刊行会）より　p.16、48、52、53、155、158、159、161、162、163、169、172、176、180、185、193、201、239、240、241、249、253

『昭和農村少年懐古』（国分一太郎著）より　p.28、58、114、152、166、192、254

■掲載図面　佐藤壽也作成

p.72〜80、86、87、101、237

■p.28、58、114、152、166、192のわらべうたは、『記憶の中の旋律 及位の童歌』（佐藤壽也著）より転載

はじめに

平成一五年（二〇〇三）二月、私は修士論文調査のため、山形県真室川町《まむろがわまち》歴史民俗資料館を訪問した。本書執筆のきっかけとなった、自称「山の専門家」である佐藤壽也《さとうとしや》氏とは、そのとき初めてお会いした。その後、調査の過程で出会った同町及位《のぞき》地区の青年団「塩根川《しおねがわ》向上会」の研究でも、氏に指導と協力をいただいた。その数年間のお付き合いで、氏はすっかり私の研究上の相棒となったわけである。

同年の春には、及位地区に隣接した安楽城《あらき》村出身のKさんとまきこさんにもお目にかかってお話をうかがった。

本書の主たる舞台である山形県最上郡及位地区は、山形市から一〇〇キロほど北の、秋田県境に位置する山里である。この地は、昭和三一年（一九五六）の合併で、安楽城村とともに真室川町と合併した。『真室川町史』は、地区の土地柄を次のように評した。

及位地区は、藩政時代から国道沿いであった為《ため》に、教育も、真室川町三地区のうち最も古くから庶民化し、よく行われたと想像されるが、戊辰《ぼしん》の役《えき》をはじめ、その後の火災で、そうした関係の書類はすべて焼失してしまい、資料としては、三地区のうち、最も新しいものしかない。

（『真室川町史』一九六九年）

私は、国有林に囲まれた豪雪地帯である山形県最北の及位地区に約二〇年間通って、山あいに住む人びとの生活を見聞し、氏による指導や氏自身の仕事などを通じて、同地の高齢化と過疎化によって、人びとが営々と築き上げた生活文化が、そう遠くない未来には消えゆく運命にあることを知った。相棒の壽也氏自身、今年（令和四年）で九四歳になる。このことは戦前戦後を生きた証人もまた同様の運命をたどることを意味する。

それを危惧した私たちは、数年前から、この地の文化ともいうべき暮らしの一端を書き残そうと話し合っていた。残念ながらその矢先、世界中がコロナ禍に見舞われ、氏と直接会って口述を書きとめることが極端に制約を受けることになった。東京から個人宅への訪問ができなくなったのである。

そこで私たちがとった戦略は、私が時折当地に出かけ、宿泊先で口述記録をとるほか、

左は平成29年（2017）の佐藤壽也氏。右は昭和26年（1951）の壽也氏。

氏が記憶の断片を拾い集めて書きとめ、それを編集・記録、さらにそれを返送して確認してもらう、という手間と時間のかかる作業を行うことだった。

その後、令和三年（二〇二一）秋、ふたたび私たちは困難に直面することになった。頼みの相棒が体調不良に陥ったのである。さあ困った、「山どこ及位」に暮らす相棒の真骨頂ともいうべき「ゼンマイ採り」の聞き取りが終わっていなかった。

翌四年六月、治療の甲斐なく、相棒は旅立った。謙虚な相棒が唯一「ギネス」だと自慢した「ゼンマイ採り」については、聞き取りの最終段階で相当力を入れて語るつもりだったようだが、残念ながらその武勇伝を直接聞くことはできなくなった。幸いにも、「ゼンマイ採り」以外の聞き取りはほぼ終了していた。

また、数年前、相棒の栄光の記録ともいうべき「山菜採り日誌」を預かっていたため、それを活用して本書の完成をめざした。当初、書き残すだけの計画だった作業は壽也氏が他界して以降、供養の意味を込めて書籍としてまとめることにした。

修士論文では、戦前戦後の娘身売り問題を取り上げるつもりで最上地方を訪問したのだが、期待した成果が得られず、困った私は東北山村の子どもの労働へとテーマを再設定した。そのとき、農家の長男として厳しく躾《しつ》けられたという相棒にも聞き取りをしていたため、その原稿も本書で使用した。

また、壽也氏の視点からこぼれ落ちた女性の生活については、及位の隣、旧安楽城村出身で、彼と同年のまきこさんと、彼らより八歳年上のKさんの体験を採用した。

インタビューの形式は、半世紀以上昔のことであることと、私自身に農業経験がないことなどの理由から、非構成的問わず語り方式を採用した。

インタビューと生活史再構成のポイントは、以下の一一点に絞り、生活史には項目ごとに小見出しをつけて、できるだけ話者自身の言葉を採用したうえ、社会・経済的背景は私が解釈して付加、方言には（　）書きで意味を書き添えて、さらに「語り」の内容に沿った解釈文を添えた。

①土地所有状況、自作・小作別
②家族構成、家族の生活
③学歴

④副業
⑤子どもの仕事
⑥家計管理
⑦子育て
⑧イエ意識、長男の躾《しつけ》
⑨戦後の子育て
⑩話者が感じた時代の変化
⑪現在の様子

したがって、本書の一部分は前述の修士論文を再編集したものであることをお断りしておきたい。

長瀞小学校「想画」との出会い

佐藤壽也《さとうとしや》氏が子どもの仕事のひとつとして紹介しているのが「雪踏み」である。それは、「俵沓《たわらぐつ》」をはいて雪を踏み固めて道をつくるという作業で、当時、冬季間の道は、除雪ではなく、住民、とりわけ子どもたちの小さな足で踏み固められて、つくられたということである。降雪のあとは除雪、と思い込んでいるわれわれ現代人の想定外で、想像することも困難な作業である。

このような、現在では見られなくなった生活文化の一端を、物語性が強く何かを語りかけるような「想画」のなかに観た。当該絵画たちは、山形県東根《ひがしね》市長瀞《ながとろ》小学校（昭和初期の当時の尋常高等小学校）在籍児童の手になるもので、平成三〇年（二〇一八）、『画文集　昭和の記憶』としてまとめられた。その後、ご当地の「国《こく》分一太郎《ぶんいちたろう》・こぶしの会」会員の方から壽也氏に贈られた。そして、「おもひゃい画ださけおめさくいる」（興味深い画なので、あなたに差し上げます）というわけで、私にバトンタッチされたのである。

一五年戦争へと突入した昭和初期の教育界は、治安維持法違反容疑の不当捜査によって、自由主義教育を実践した教師たちにとっては受難の時代であったが、当地の「想画」は奇跡的にそのなかを生き延びた。農村経済恐慌と戦争の足音、しかし暗さを感じさせない生活画の奥に、子どもたちはいったい何を塗り込めたのだろうか。

左の画は、『画文集　昭和の記憶』に収録された、戦争を連想させるただ一点の画であり、多くは軍国主義の残滓《ざんし》として戦後廃棄されたのではないかと推察される。

氏の健康快復ののちには、一緒に「想画」たちを生んだ長瀞地区を訪問する予定でもあったことから、語りの内容をよりイメージしやすくしたいと、本書で採用させていただいた。

「戦争ゴッコ」　浅野目欽次郎　尋５

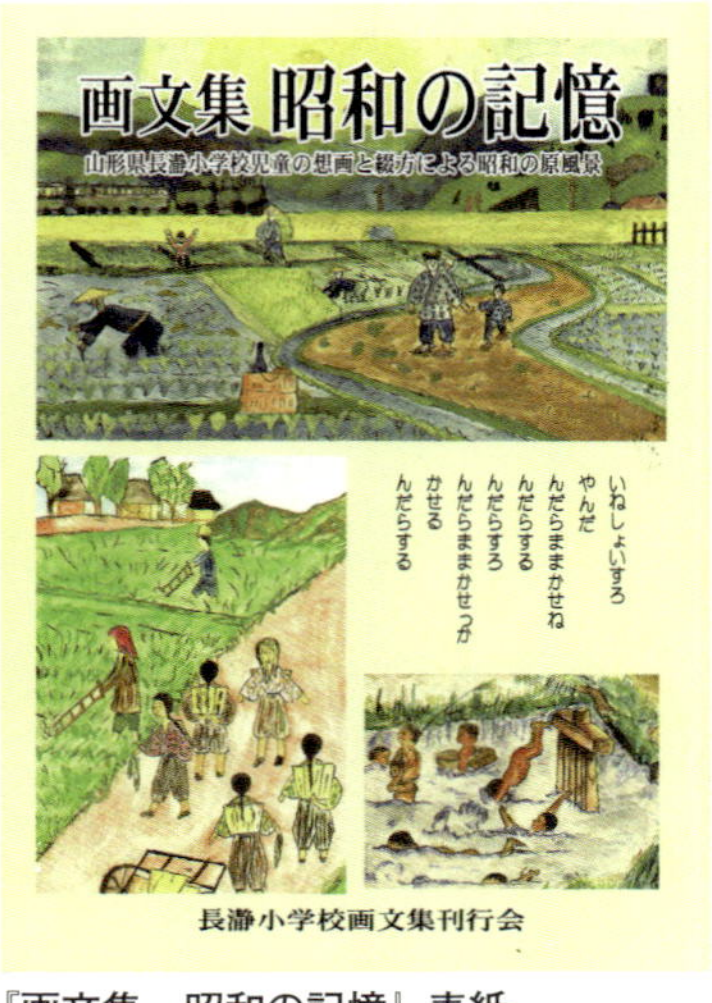

『画文集　昭和の記憶』表紙

序章 ❖ 山形県及位地区の山々

山形県最北の地、及位地区

及位《のぞき》村は、昭和三一年（一九五六）にはじまる「昭和の大合併」で、真室川《まむろがわ》町と合併した。及位地区のほぼ全土は山林であり、山あいを西方に流れ、やがて最上川に合流する塩根川《しおねがわ》の両岸に、わずかな耕地が点在するのみである。

真室川町は、現在でも総面積に対する林野面積が八六％も占め、その約八割が国有林（真室川町ＨＰ、二〇二〇年農林業センサスによる）で、及位地区は山林が総面積の九割以上を占める。当然ながら農地は極端に少なく、そのうえ豪雪地帯であるため、平野部に比較して米の収量も少ない。

このように自然条件に恵まれない土地であるため、人びとは食料の不足を山からの贈り物である山菜に依存し、余剰を販売した。教育費など生活に多額の現金が必要になると、山菜採りにはさらに力が入った。また、長い冬季間の副業として、炭を焼いて現金収入を得た。

このような生活は、戦後の日本が高度経済成長期を終えるころまで続いた。

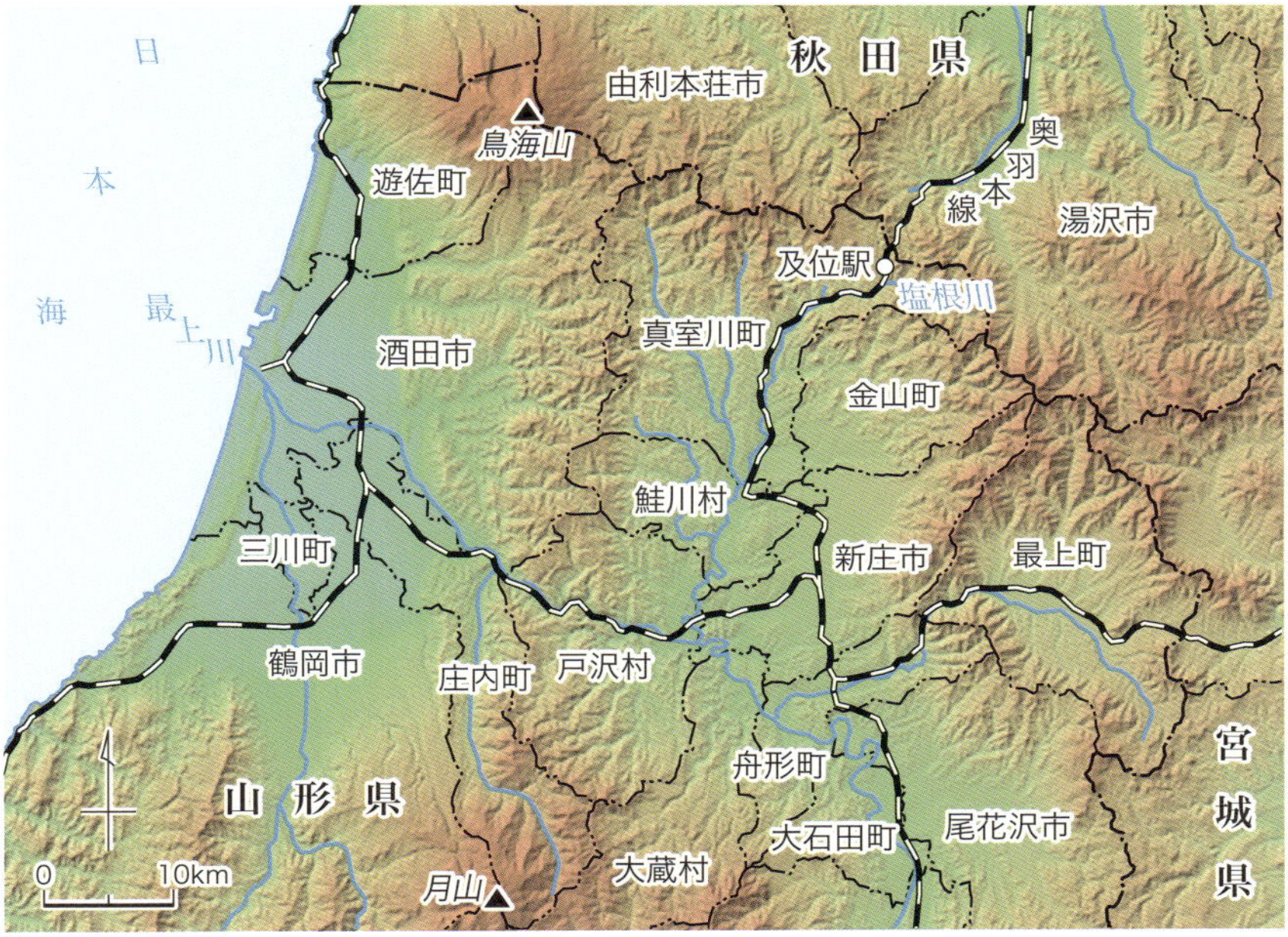

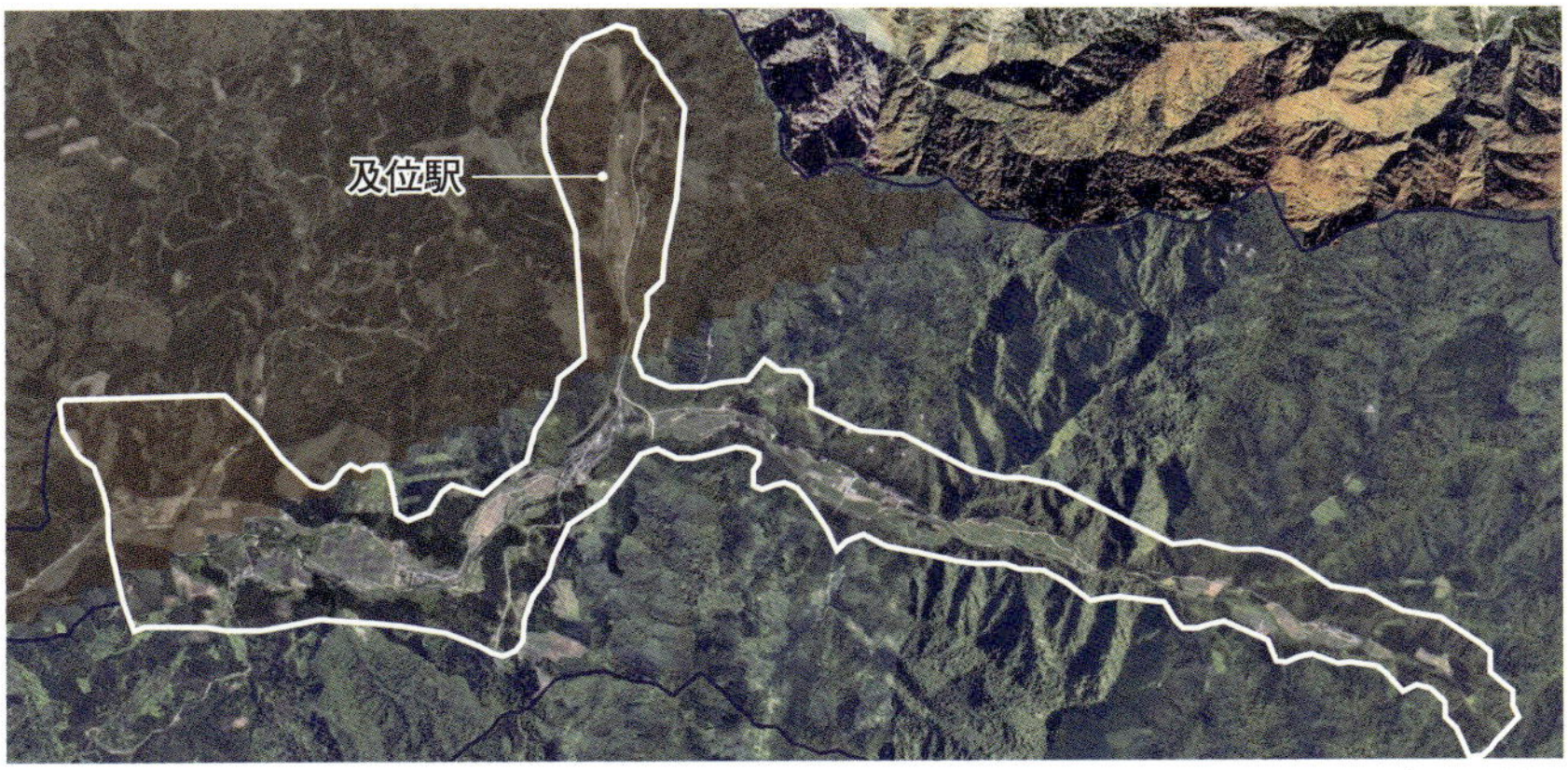

白線で囲まれた地域が及位地区。北と南に険しい山々が連なり、そのあいだのわずかな低地に集落と田畑が点在する。国土地理院「山形県最上郡及位村」より

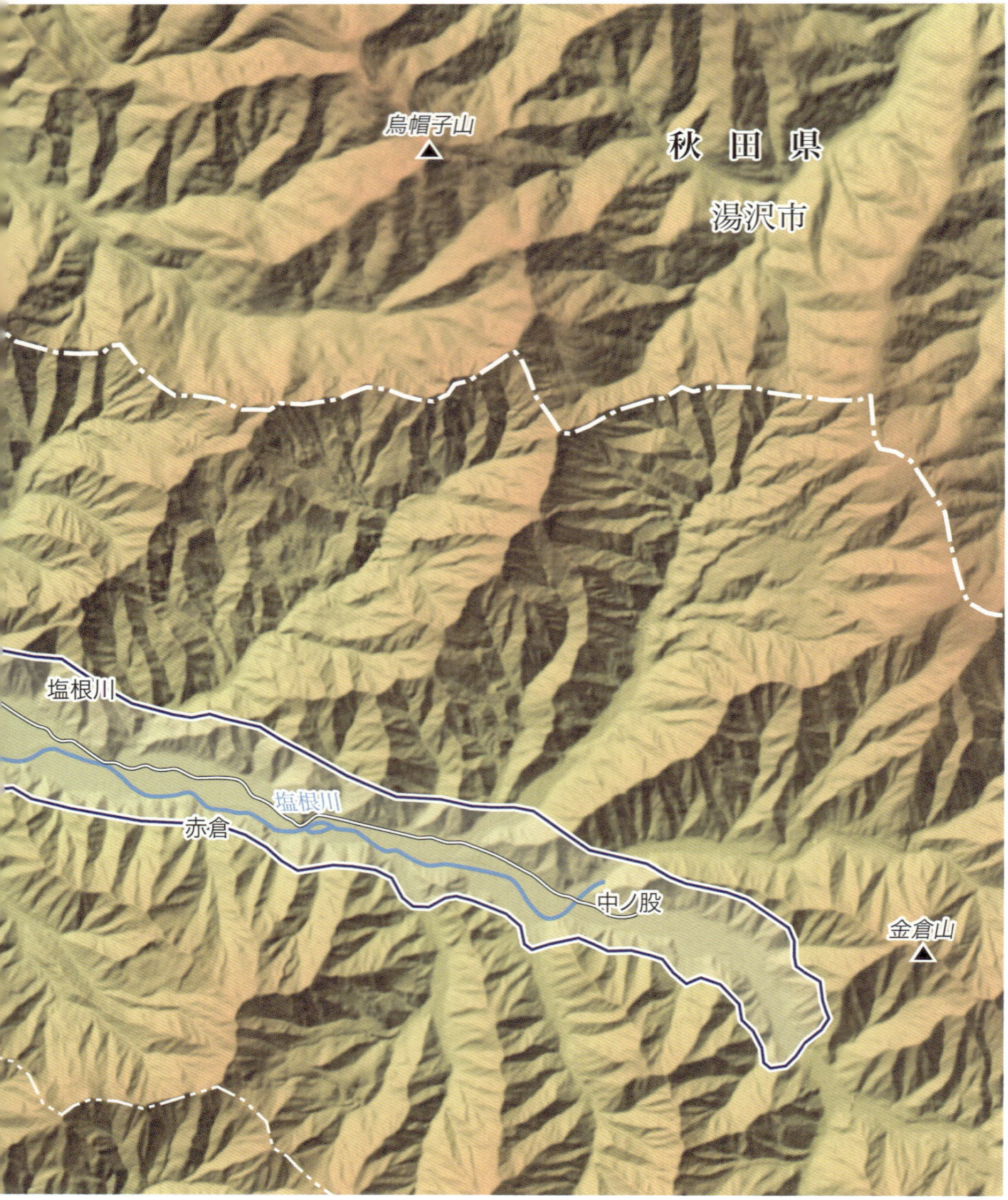

国土地理院「山形県最上郡及位村」より

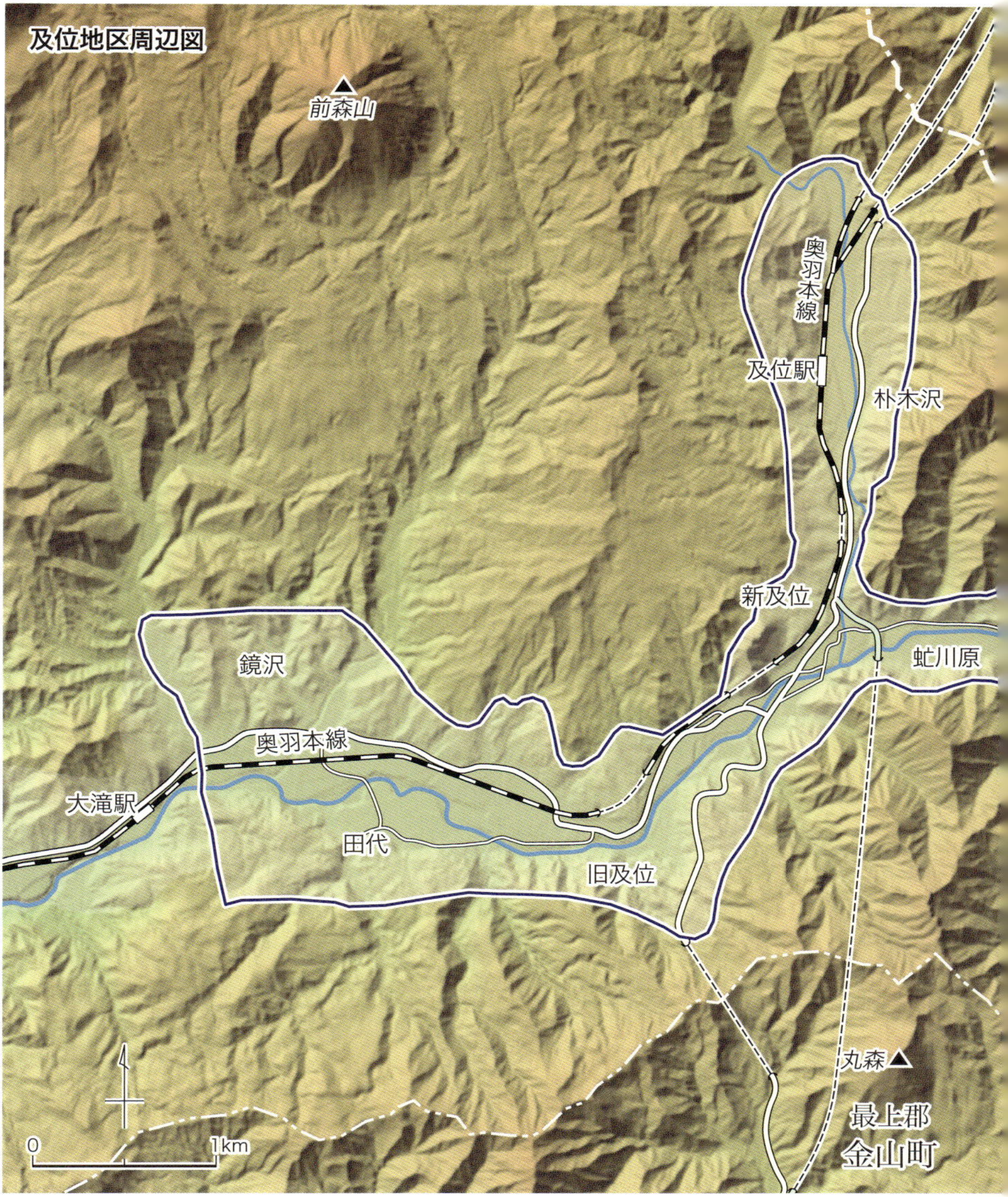
及位地区周辺図
前森山
奥羽本線
及位駅
朴木沢
新及位
蛇川原
鏡沢
奥羽本線
大滝駅
田代
旧及位
丸森
最上郡
金山町
0
1km

佐藤壽也《さとうとしや》氏は次のように語る（平成一五年〈二〇〇三〉）。

ここは里じゃなくて山どこなんです、だから里の真似《まね》をしておったんでは暮らせません。（米の）収量の少ない分だけ冬に収入を上げないと暮らしていけない。（戦前でも）鮭川《さけがわ》村あたりに行くと、冬仕事をすればなんとか食べていけたんです。一年分の縄を綯《な》う、蓑《みの》をつくる、草鞋《わらじ》をつくる、秋の収穫の米俵をつくること、これが冬仕事で里の仕事だったんです。

ここは収量が少ないですから、製炭と山菜採りは現金の道でした。そして、炭焼きをする人は、今月焼いた炭は今月売らないと生活できなかったんです。

山は共有財産

当地では、今でも「山は住民の共有財産である」という意識が高いが、それはとりわけ明治以降、村と明治新政府との対抗と交渉によって新たに獲得された心性である。そして、水源・肥料など農用入会林《いりあい》や公共用材の確保という側面からも、江戸時代から変わることのない地元住民の慣習だった。

新政府による地租改正は山林にも及び、明治九年（一八七六）一月「山林原野等官民所有区別処分方法」[*1]を成立させて、官民有区分事業が推進された。『真室川町史《まむろがわちょうし》』が明らかにしたように、当地では戊辰《ぼしん》の役《えき》やその後の大火で、文書類のほとんどすべてを消失していた。

私は、旧及位《のぞき》村役場の助役だった方から旧及位村の文書類を託され保管していた歴史研究家の故高橋秀弥氏からそれを借り受けて活用し、山の官民有に関する一覧表を作成した（二五頁）。本表のタイトルには「明治九年　山岳原野官民有区別願」とあり、当時の及位村から山形県令三嶋通庸《みしまみちつね》宛てに提出されている。

当該一覧表によると、及位村には三一もの山々があり、その山の通称・面積・性格・樹木の種類・沢面積・道面積、および住民による借入地面積まで記されていることが確認される。

当時、ようやく私有化の道が開かれたのにも関わらず、村民は民有申請ではなく江戸時代と同じ借地にこだわり、それを何度も願い出ているのである。

最上および村山地方を支配した戸澤藩の林野制度は厳しく、藩所有の山林としては「留山《とめやま》」「御林《おはやし》」「平山」「御半紙場」「秣場《まぐさば》」「茅場《かやば》」などがあり、原則として伐木は許されなかった。しかし、藩所有の山林のうち「半紙場」「秣場」「茅場」などでは、一定の運上金を納

［註］1　農林大臣官房総務課編『農林行政史』第五巻下、一一三一頁、農林協会、一九六三年。

入すれば自由に利用することができ（『真室川町史』）、該一覧表では多くの「留山」でさえ住民が利用していたことがわかる。

及位村では、明治四年、同八年にも同じ趣旨の書状を提出している。つまり、本村では、江戸時代から運上金を納入して利用していた山林の所有ではなく、借地利用の継続を望んだのである。しかし、それはかなわず、結局、本村では明治一四年、「御受書」およびすべての山林が記載された「最上郡及位村山林ヶ所請表」を山形県官業課宛てに提出したことで、当地における「山岳原野官民有区分」作業は終了し、山林は穏やかな経緯で国に差し出された。

なお、本事業の詳細は、拙著『近代天皇制国家の青年団』で述べた。当地の住民にとって、山は生活の場であり、供給される林産物は人びとへの自然からの贈与物でもあった。住民はそれらを採りすぎることなく、何世代にもわたって維持・培養し管理してきたのであり、そういう意味において、山との共存は住民の「習慣的慣習」だった。[*2]

以上のように、及位の人びとが頑固なまでに借地にこだわった結果、すべての山林が国有化された。しかし、その後、営林署との粘り強い交渉を繰り返して、一定の譲歩を引き出しながら、山林資源をつづけて利用することが許可され、厳しい自然を生き延びたの

［註］2　戒能通孝『小繫事件――三代にわたる入会権紛争』四〇頁、岩波新書、一九七一年。

明治９年「山岳原野官民有区別願」及位村一覧（12 月上旬、山形県令三嶋通庸宛）

	字	山反別（単位）	内　　容	沢反別	道反別	内書	内書拝借地
No	山名	町反畝歩		町反畝歩	町反畝歩	官林	町反畝歩
1	黒森山	916.6.6.20	留山・杉檜槻・留木官林・一切不伐木	1.4.5.10			
2	金倉山	210.3.0.00	留山・杉檜槻・留木官林・内書			３反	
3	栗木沢山	273.6.0.00	留山・杉檜槻・留木官林・一切不伐木・内書	0.2.8.10		１反	0.1.6.20
4	中ノ又山	167.1.2.20	留山・檜松・留木官林・一切不伐木・内書	0.6.0.00			0.4.6.00
5	仙北沢山	205.4.3.10	自然諸木繁茂・一切不伐木・内書	0.5.3.10		１反	
6	戸ノ沢山	160.0.0.00	留山・檜松・留木官林・無税木伐取・内書				
7	問屋沢山	150.4.0.00	留山・檜松・留木官林・一切不伐木・内書	0.4.1.20		１反	0.3.0.00
8	赤倉沢山	141.5.6.20	留山・杉松・留木官林・一切不伐木・内書	0.5.6.20			0.5.0.20
9	金打沢山	206.7.3.00	留山・檜松・留木官林・税 10 銭薪伐・内書	0.2.9.05			0.6.3.00
10	岩瀬山	139.3.3.10	民有確証無・無税薪伐出自由				
11	中小屋山	70.1.0.00	民有確証無・無税薪伐自由・内書				0.4.3.10
12	大六郎沢山	130.6.3.00	留山・杉松・留木官林・税 73 銭 3 厘・内書	0.3.7.15			0.6.3.00
13	小六郎沢山	73.3.3.10	留山・杉松・留木官林・一切不伐木	0.0.5.00			
14	堇ノ倉山	86.7.5.21	留山・杉松・留木官林・一切不伐木・内書	0.8.8.10			0.0.9.01
15	楯ノ沢山	209.8.3.10	自然繁茂・一切不伐木・内書	0.0.6.00	0.2.6.10		0.5.0.00
16	峠ノ沢山	105.6.3.20	自然繁茂・一切不伐木・内書				0.6.3.20
17	朴木沢山	351.2.1.20	税 20 銭薪伐取・内書	1.8.8.00			1.2.1.20
18	中山	140.1.0.00	民有確証無・無税萱秣刈取自由・内書	0.0.8.27	0.3.2.06		0.1.0.00
19	倉ノ楯山	28.0.6.20	民有確証無・無税萱秣刈取自由・内書	0.0.2.00			0.5.6.20
20	上ノ山	30.0.2.04	民有確証無・無税秣刈取自由・内書				8.8.8.16
21	木伐沢山	27.0.3.10	税 30 銭薪伐取・内書	0.1.0.00			0.3.9.00
22	赤沢山	78.3.0.00	民有確証無・無税薪刈取自由・内書	0.2.6.00			0.4.0.00
23	田ノ沢山	17.0.0.00	民有確証無・無税秣刈取自由・内書	0.0.2.00			0.2.3.10
24	平場山	3.1.5.00	民有確証無・無税秣刈取自由・内書				0.3.5.00
25	檜ノ木森山	20.0.0.00	留山・杉檜・留木官林・一切不伐木	0.2.0.00	0.3.1.05		
26	高問屋山	40.0.0.00	留山・杉・留木官林・税薪伐取自由	0.1.3.20			
27	小田代山	80.3.3.10	留山杉檜・留木官林・税 20 銭薪伐取・内書	0.1.3.10			0.3.3.10
28	奥越道山	68.1.8.10	民有確証無・無税薪伐取自由・内書	0.2.9.00			1.5.1.20
29	鏡沢山	50.2.1.20	民有確証無・無税秣刈取自由・内書				0.2.1.20
30	戸屋沢山	7.2.1.20	民有確証無・無税萱刈取自由・内書	0.0.2.00			0.0.1.20
31	東又山	288.6.0.10	民有確証無・税 20 銭薪伐取・内書	1.3.0.00	1.1.0.00		0.2. 0.15
	合計	4,476.8.8.25		9.8.8.07	1.9.9.21	６反	18.7.8.12

(1)	留山、一切不伐木	1,2,3,4,7,8,13,14,25	2,039 町　7 反　5 畝　1 歩
(2)	留山、無税木伐取可	6	160 町
(3)	留山、納税の上薪伐取可	9,12,26,27	457 町　6 反　9 畝 10 歩
(4)	無種山、一切不伐木	5,15,16	520 町　9 反　10 歩
(5)	無種山、納税の上薪伐取可	17,21	378 町　2 反　5 畝
(6)	民有確証無、無税薪伐取自由	10,11,28	277 町　6 反　1 畝 20 歩
(7)	民有確証無、無税萱・秣刈取自由	18,19,20,22,23,24,29,30,31	642 町　6 反　7 畝 14 歩
合 計			4,476 町　8 反　8 畝 25 歩

だった。

壽也氏にその感想を問うと、

のちの時代のことを考えると、村のほぼ全域が国有されたため、税負担も山林をめぐる住民同士の争いもなく、賃金は安いが住民に現金収入をもたらしたという意味で、明治の人びとの選択は正しかった。

のだそうだ。

明治の人びとの選択は、一定の制約を受けながらも豊富な山林資源の採取を可能にして、昭和・平成の住民にも恩恵をもたらしたのである。

第一章 ❖ 山どこ及位

「春神楽」

山の神の勧進

銭ころ　米ころ
山の神の勧進
銭ころ　米ころ

勧進とは、旧暦3月2日の早朝、山の神の使者となって家々を回る、男の子だけの伝統的な行事でした。小学校の1年生から、数えの15歳の春まで続けられます。15歳で一番大将になる自治組織でした。1年中で待ちに待った行事で、前日から神社に泊まるのがうれしかったのです。

※注　「ころ」とは「おくれ」または「ちょうだい」といった及位の方言。

塩根川の山々

三一頁の地図では、塩根《しょね》川《が》地区はフクロウが羽根を広げた形に見えます。塩根川の北および東隣は秋田県、南側は最上郡金山《かねやま》町で、地区のほとんどが国有林です。フクロウの翼の付け根部分にあたる「小六郎沢山《ころくろうさわやま》」から塩根川右岸原流の「金倉山《かなくらやま》」「黒森山《くろもりやま》」、左岸川下の「岩瀬山《いわせやま》」まで、一三の山々すべてに名前がついています。

これは、最初に当地に住み着いた祖先がそこに名前をつけ、その後の移入者も順次同じように名づけながら、部落全体がその名前を共有したためだと考えられます。沢の内部に入りますと、小沢（支流）ごと、小峰ごとに数えきれないほどたくさんの名前があって、沢の入口に近いほど細分化された名前が付されています。

一例を挙げますと、私（佐藤壽也《さとうとしや》氏）の家に近い「中小屋山」のなかに「下《しも》すがさ（沢）」という沢があり、この小沢にさえ十数個の名前がついています。つまり塩根川の古くからの住人ほど細分化された地名を知っているということになり、すべての地名を知っているのは、今では九三歳の私ひとりになりました。

役所は沢を表記する際、住民がもともと使っていた地名を採用したようですが、隣接する沢同士を取り違えた場所も数か所あります。現在では、私のように生活のために山に入る者はほとんどいなくなり、山のことを語ることも少なくなりました。

雪崩

雪崩《なで》は、「春雪崩《はるなで》」と「わがさ」に大別されます。「春雪崩」というのは全層雪崩、「わがさ」は表層雪崩だといわれています。

「春雪崩」の発生は、寒気が緩んだ三月と四月に集中しますが、雨が降ると寒中でも起こりえます。これは、雪量・重量ともに大きく、地響きとともに滑り落ちるので、遠くからでもそれとわかります。

一方の「わがさ」は、短時間に大量の降雪があると、いつでも発生しえます。そのうえ、音がしないので逃げる時間がなく、とても危険です。昔から及位《のぞき》には、

　三度、笠の雪をほろぐ(ゆすって落とすほどの大雪)どきは山にいるな。

という、降雪時の「わがさ」に関する諺《ことわざ》があるほど警戒されていました。

「なで」(雪崩)発生の絶対的条件は、「なでつぎぴら」があることです。「つぎ」は突き落とすの「つぎ」、「ぴら」とは「ひら」のことで、山の斜面を指すアイヌ語だと聞いています。したがって、「なでつぎぴら」とは、雪崩が発生する斜面ということになります。

奥羽地方では、大木が生えていない急斜面はすべて「なでつぎぴら」です。ただし、

営林署による塩根川地区周辺の山々　（佐藤壽也作成）

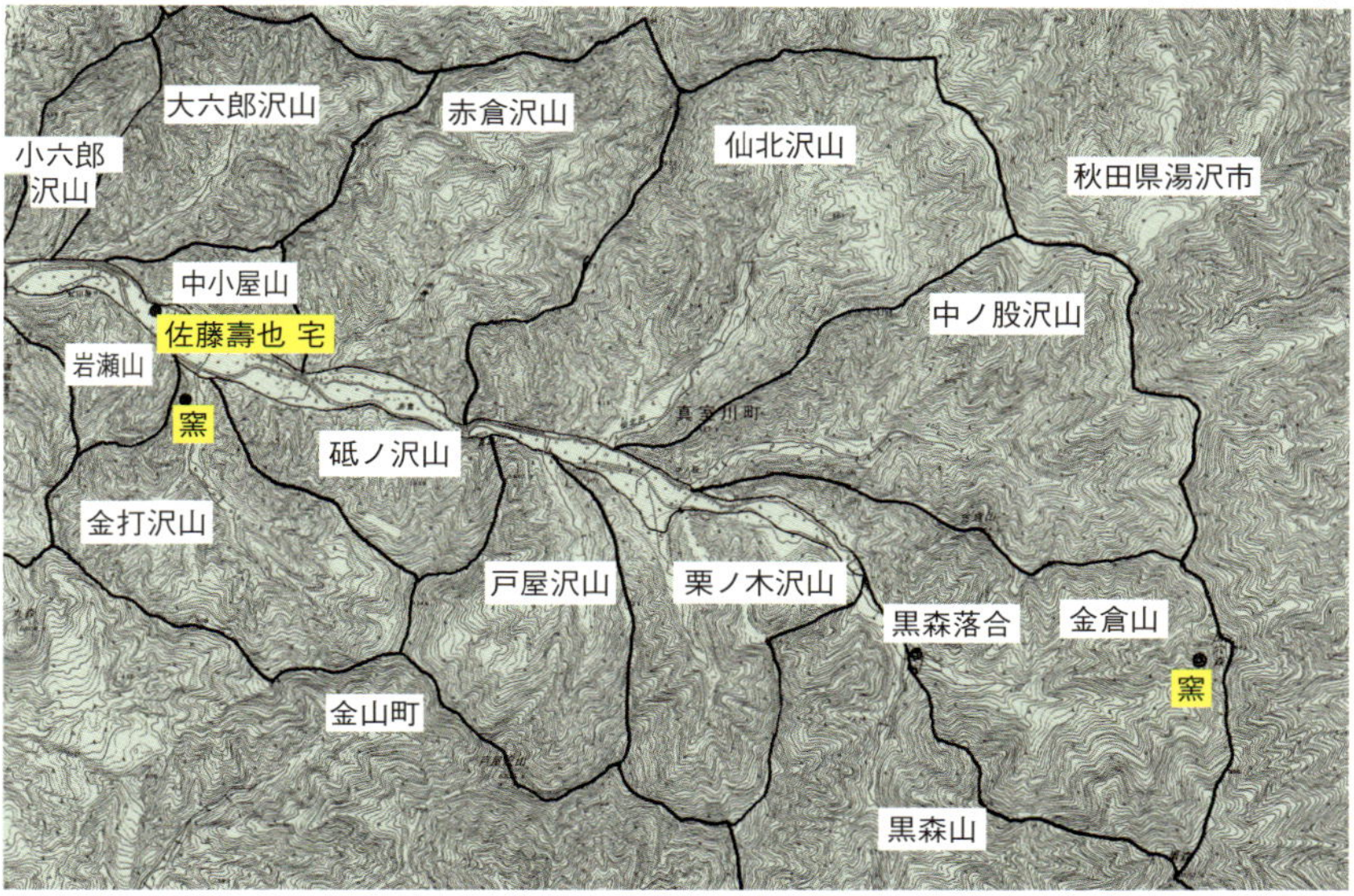

山　名	地元の呼び名	製炭組合
小《こ》六《ろく》郎《ろう》沢《さわ》山《やま》	このごろ	新及位
大《おお》六《ろく》郎《ろう》沢《さわ》山《やま》	おのごろ	新及位
中《なか》小《こ》屋《や》山《やま》	しもすがさ、かみすがさ、うらのさわ	—
赤《あか》倉《くら》沢《さわ》山《やま》	あがぐらのさわ、きばな、とびらざ、うらのさわ	新及位
仙《せん》北《ぼく》沢《ざわ》山《やま》	へんぶぐざ、ころしざ	秋の宮村、塩根川、旧及位
中《なか》ノ《の》股《また》沢《ざわ》山《やま》	しょべさ、たぎのさ、すぎながねんばごや、こえど、やまづくり	塩根川
金《かな》倉《くら》山《やま》	かなくら、みずなし、やげひど、かづらまず、きもど、どんぐろざ	塩根川
黒《くろ》森《もり》山《やま》	おおだぎざ、へんぬぎもり、ながまづ、まっかき、こすぎくぎ	塩根川
栗《くり》ノ《の》木《き》沢《ざわ》山《やま》	くりぬぎざ、ふかさ、ぬまさ	塩根川
戸《と》屋《や》沢《さわ》山《やま》	にじょう、おおひら、すずのてえ、おっかねひど、ふなさ、いしふたがり	旧及位、塩根川
砥《と》ノ《の》沢《さわ》山《やま》	たぎのさ、かねほりざ、とのさ、おっかねひど、おっきさわ	塩根川
金《かね》打《うぢ》沢《ざわ》山《やま》	やげやま、ながのさわ、えぼし、しものさわ、ふたまだのこざ	旧及位、塩根川
岩《いわ》瀬《せ》山《やま》	えわちぇ、へげねのこさわ、かみかぐれざ、しもかくれざ	旧及位

国土地理院「山形県最上郡及位村」より

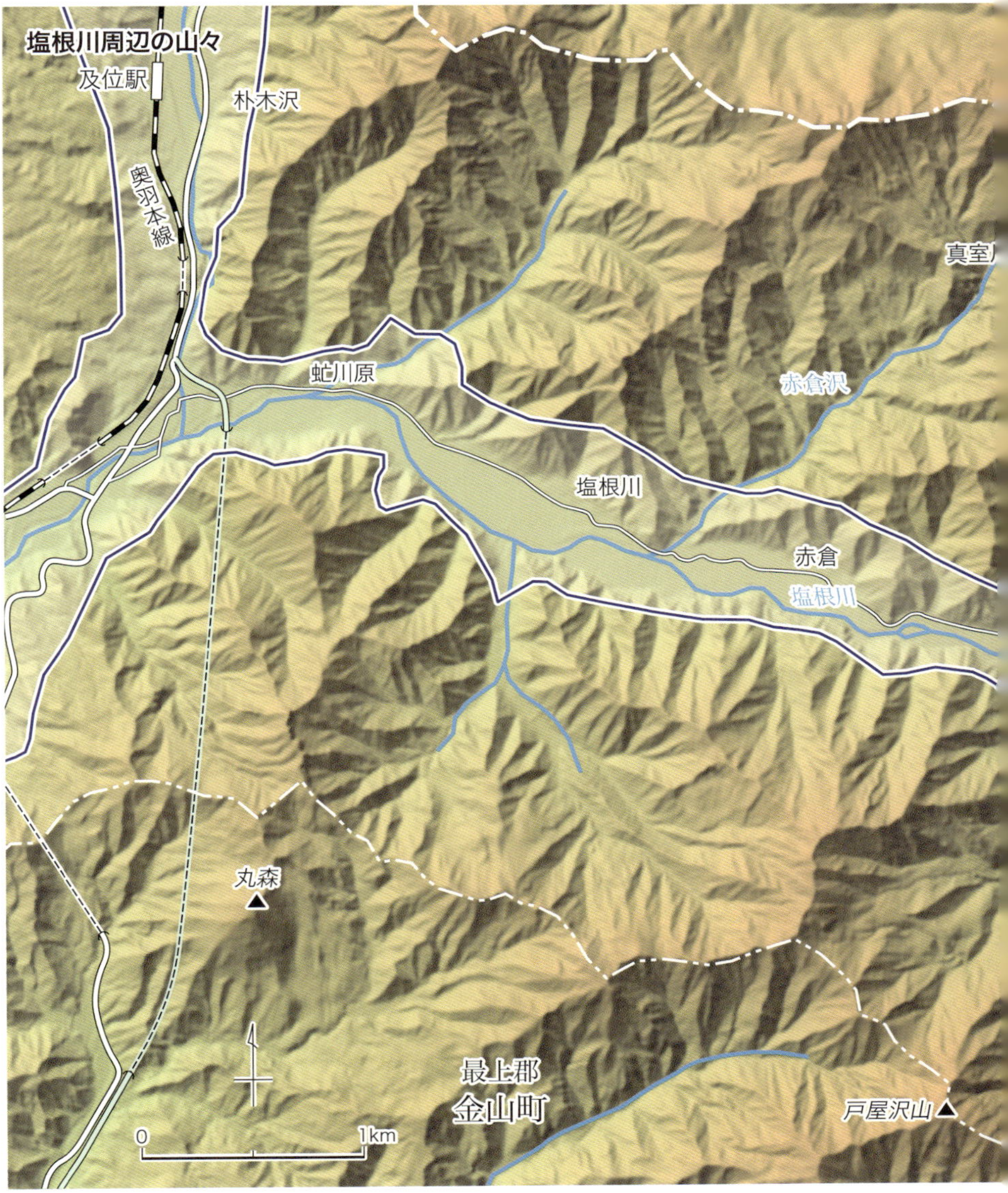
塩根川周辺の山々
及位駅
朴木沢
奥羽本線
真室
蛇川原
赤倉沢
塩根川
赤倉
塩根川
丸森
最上郡
金山町
戸屋沢山
0
1km

一〇〇〇メートル以上の高山にはあてはまりません。

私が考える大規模雪崩発生の原因は、次の三点です。

① 積雪量が多い。
② 隣り合った「なでつぎぴら」が同時に動く。
③ 雪崩のコースの谷間に、厚い新雪の層がある。

とくに三点目は、新雪の層が潤滑油のような役目を果たして発生すると考えられます。

三月になると、積雪上層部三〇センチぐらいがザラメ雪になります。及位の「春なで」は、おもにこのザラメ雪が原因で発生します。最初の雪崩は滑りやすいのですが、隣の「なでつぎぴら」から同規模の雪崩が発生したとしても、下地が固まっているために摩擦が強く、最初の雪崩の先端に達することはありません。谷間にたまった雪崩の雪は雪渓となって若葉のころまで残り、そのころにはところどころに穴があいていて、危険ではありますが歩きやすい道になります。

及位・塩根《しよね》川《が》地区に、「しものひら」と呼ばれる「なでつぎぴら」があります。昔、ここで田んぼにまで達する大雪崩があって、稲架《はさ》の立木《たてぼく》が倒されたという言い伝えがあります。田んぼの持ち主は菊次郎の長男、市五郎さん（明治二八年六月生）でしたから、これは大正時代初期の出来事でしょうか。いろいろの偶然が重なることで発生した事故だといえるでしょう。

「春なで」は突然発生することはまずありません。あるとすれば、地震が起こったときくらいでしょうか。厳冬期を過ぎて気温が上昇すると、積雪した山のあちらこちらで「ぶぎれ」といわれる横長のひび割れ現象が見られます。「なでつぎぴら」を人の顔に見立てると、髪の生え際にあたるところに横ひびが見えます。これが「ぶぎれ」です。山の雪が動きはじめた兆しです。やがて、「ぶぎれ」の幅が拡大するにつれて、口にあたる場所あたりに横皺《よこじわ》が見られるようになります。この皺が膨らんで大きくなるともう限界で、「春なで」が発生するのです。

私は、こんな状態の「ぶぎれ」の上に橇道《そりみち》をつくって、炭焼き仕事をしたことがありました。昭和二二年（一九四七）のことです。前年来、うちから煙が見えるくらい近くの金《かね》打沢《すぢざ》の入口付近に小屋をかけ、窯を巻いて（建造して）、父と二人で炭を焼きました。隣は伝兵衛（屋号）の、伝治さんの窯です。伝治さんは、昭和三年に設立された青年団「塩根川向上会」で初代会長を務め、その後、農業移民として満州に渡った佐藤孝治さんのお姉さんの長男で、戦時中は陸軍船舶兵として千島列島の幌筵島《ほろむしろとう》に駐屯していました。たい

壽也氏自宅から金打沢を望む

へん仕事熱心なうえ創意工夫を凝らす先輩でした。

　三月に入り、私と伝治さんの二人とも炭用原木がなくなったので、真《ま》室川《むろがわ》営林署及位担当区主任から増伐許可を得て、隣の「かみかくれ沢《ざ》」の奥のほうから峰越しに道をつくって運ぶことにしました。「かみかくれ沢」の「まがりとのひど」といわれている小沢の上部にある「なでつぎぴら」は、私たちが道をつくっているときから少しずつ動いていたようです。ときどきカリカリとかポキンとか、小柴が折れるような音がしていたのです。でも、そのときは伝治先輩が一緒でしたから、恐怖感はありませんでした。

　作業開始から何日目かの午後でした。音がだんだん大きくなって、雪の動きが目で認められるほどになりました。

こんだ、おぢるみでだぞ壽也《としや》、こっちゃきてみでんべ。

私たちは橇を手前に移動させて見物することにしました。ドサッ、と音がしたかと思うと、雪がゆっくり動いて加速しはじめ、一気に「かみかくれ沢」の谷間にすっぽりと納まってしまいました。

現在わかっているわが家の最初の先祖は、寛政四年（一七九二）に死亡していますから、享年五〇歳として三〇〇年ほど前の生まれだと思います。そのころからも、塩根川五〇〇年の歴史のなかでも、「春なで」発生の一部始終を見物したのは、伝治先輩と青年期の私の二人だけだろうと自負しております。

この一件で知りえたことは、外気温が氷点下でなければ「ぶぎれ」が発生すると、「なで」は毎日少しずつ動くということです。ただし、午前中は動きませんが雨の日は危険なので、朝から近づかないことにしています。

一方、「わがさ」は、動物が「ひら」を横切ったり、「ぼだ」（木の枝に積もった雪）が落ちるなど、ほんの小さな衝撃で起こりえます。以前、新聞紙上で見た事故ですが、スキー場で誰かが「ひら」の上部を歩いた衝撃で、「わがさ」事故が発生したということです。スキー場といえども安全ではないのです。

豪雪地帯では、毎年屋根から落下する雪によって死亡する事故が発生しています。NHKのまとめによると、令和二年（二〇二〇）一二月一五日から翌年一月六日午後三時までの短期間に、少なくとも全国で二八人が死亡したそうです。当地でも古口《ふるくち》村在住の六〇歳の男性が屋根の雪下ろし作業中、川に転落して死亡しました（『東京新聞』令和三年一月五日付）。これは「わがさ」のひとつで、滑りやすいトタン屋根のなせる業《わざ》です。

古くからの言い伝えでは、及位での雪崩による死亡者は、これまでに四人しかおりません。不思議なことに、彼らは全員、私のうちの縁故者なのです。

まず、私の大叔父にあたる菊次郎（明治四五年〈一九一二〉二月没）の死は、雪崩による事故の極端に少ない、塩根川の歴史が覆るほどの痛恨事だったそうです。

それは、「塩根川向上会」の前身である「塩根川青年会」が、旧正月休みを利用して行った共同作業中の出来事でした。当時、菊次郎は数え年三九歳、本会の幹事であり、六蔵家（佐藤篤・明智家）の主でした。雪崩発生時、菊次郎の兄、松四郎（壽也氏の祖父）は赤倉部落にある権兵衛家に正月礼に出かけていました。

知らせを聞いた松四郎は、裸足で駆けつけて救助のために雪を掘り、菊次郎の「けら」（蓑）の端が見えると、手で掘ったそうです。菊次郎は指導力の優れた人格者で、長之助家（佐藤孝治の実家）の仁作さんとともに、塩根川のリーダーになる立場の人だったといわれています。この一件は、菊次郎の次男の敬次郎さん（市五郎さんの弟、明治三四年一月生）から聞きました。

同じころ、中の股「滝の沢《さ》」で炭焼き中の高橋巳之松・トク夫妻が、炭焼き小屋もろとも「わがさ」に巻き込まれて亡くなりました。トクは、私の祖父、松四郎（菊次郎の兄）の最初の妻で、「嫁して三年、子無きは去る」という、当地における慣習の手本のような女性でした。子どもができないという理由で、松四郎の家を「ぼだされた」（追い出された）あとに嫁いだ先が、高橋巳之松だったのです。

そして偶然にも、トク・巳之松夫婦の長男、金松さんは、松四郎の後妻に入ったトリヨとの長男、忠治（明治三二年五月生）と同い年、しかも同年兵でした。松四郎家を「ぼだされた」あとも、「トクは、何ごとがあっても一里の道を歩いて、松四郎に相談に来たもんだ」と、私はトリヨ婆さん（壽也氏の祖母）からよく聞かされました。

四人目の犠牲者は、なんと松四郎・菊次郎兄弟の妹マン（明治一二年四月生、壽也氏の大叔母）の長男、政之助さんです。マンは旧及位地区の佐藤伊勢吉に嫁ぎ、政之助を筆頭に九人の子どもを育てています。

大正六年（一九一七）一月三一日、政之助さんは金山《かねやま》村・中田まで山仕事に行きました。そこで、仲間と一緒に向かいの山から滑り落ちる雪崩を見物していると、雪崩が自分たちに向かってきました。皆は逃げましたが、政之助さん一人だけ逃げ遅れたということです。ただちに仲間が雪を掘って救助を試みましたが見つからず、鶏を放したと聞きました。当地には「鶏は（雪の中の）人の上に立つ」という言い伝えがありましたが、実際に鶏が遭難者の救出に役立ったかどうかは定かではありません。これも不運な事故でした。

このように、私の「中小屋」（屋号）は、雪崩に巻き込まれる確率が高い家のようです。余談ですが、私のうちは「バヒフ」（ジフテリヤ）にも当たりがよくて、叔母と私の兄の二人が亡くなっており、これも及位では一〇〇％の確率でした。

登山家は、「山があるから登る」とよく言いますが、山ではどこでも雪崩が発生しうるわけですから、雪の季節に山に入ることは、広い意味で自殺行為だといえます。しかし、

紙紐で作成した「ひっこぐし」

明治以降、山どこ及位の人びとの生活にも現金が必要になり、冬といえども山に入らざるをえなくなりました。

それ以前の冬場には、「山鳥《きじ》追《ぼ》い」をしたり、「ひっこぐし」（細い針金製の罠《わな》）でウサギを獲ったりして、「濁酒《どぶろく》」の友にする、といった自適の生活を楽しんでいたようです。そのころは、米と豆をつくれば、塩を買うだけで生活が成り立っていたのです。明治三七年、奥羽本線が全線開通し、

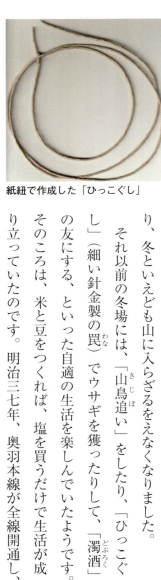

及位駅に貨物ホームができたことで、冬場の山仕事が活発になりました。もはや正月の門林[*1]切りくらいではすまなくなったのです。

秋田県秋ノ宮村（現秋田県湯沢市秋ノ宮、旧雄勝《おがち》郡）の山は、私に億単位の稼ぎをもたらした山々のひとつです。ここは及位にいちばん近い隣村で、昔から金山地区の山々と同じ格付けがなされていました。

昭和五〇年（一九七五）の秋、秋ノ宮村薄久内《うすくない》の「大平《おんでえ》の山」に行きました。山ブドウ採取が目的でした。私はそこで、前年までは見たことのないたいへんな光景を目にしました。直径五〇センチ以上もありそうな成木が、根元から何本も折れていたのです。これは、雪崩のしわざ以外には考えられません。林野庁の役人が安全地帯だと認め、三〇年間も雪崩がなかった山でしたが、大規模の雪崩が発生したことは明らかでした。この山の中腹にはスギの造林地があり、三〇年ほどの若木の林に育っていたのですが、そこも雪崩の被害にあっていました。

もともとここは原生林で、薄久内の人びとが炭焼きをしていましたが、その跡地に営林署が造林しました。この山は、遠くから観るとよくわかりますが、奥羽山脈の神室山《かむろやま》に通

［註］1　最上地方の一部地域で行なわれていた小正月の飾りで、家の門口から玄関口まで、路の両側に楢や朴などの雑木を何本も立てるものである。（『新庄市史別巻民俗編』）

じる登山道があって、九〇〇メートル以上のピークがあります。その直下に大きい「ひら」があり、その「ひら」の雪がいっせいになだれ落ちたと考えられるのです。今後、この山には連続して雪崩が発生するかもしれませんし、何百年も発生しないかもしれない、私はそんなめったにない機会に偶然出会ったのです。

造林した山にはフキがよく育ちます。炭焼き山だとなおさらよく育つのです。「炭背負《すみしょ》い道《みち》」も立派なもので、私はこの山に七、八年通いました。

昭和二〇年の二月ごろだったと思います。その当時、うちに割り当てられた炭山は「戸屋沢」の「舟沢」でした。私は正月前から体調が悪く、あちこちの医者にかかっておりましたので、山には毎日行くことができませんでした。そんななか鮭川《さけがわ》村の佐藤医院へ行ったとき、看護婦さんに、「マッカーサー、マニラさ来たぜは」と、話しかけられました。沖縄戦が近づいたころだと記憶しております。

父は木を伐ってもらうために、休みがちな私の代わりに木挽《こび》きの銀兵衛さんを雇っていました。この当時、わが家の炭窯は日産三俵、銀兵衛さんに支払った賃金は一日一俵（八貫匁＝三〇キロ）でした。私がやっと山に行くことができたある日、銀兵衛さんが「わがさにつっこめられた」（雪崩で雪に埋まった）と、青くなって逃げてきたことがありました。雪の中から命からがら這《は》い出してきたのでした。この直後、銀兵衛さんは招集され戦病死されました。

昭和二五年ごろだったでしょうか、塩根川の古老から「わがさ」の話を聞いたことがあります。上のほうが青く見えるほどの薄い積雪でも、「わがさ」に巻き込まれたらたちまち周囲の雪が硬くなるので、体はまったく動かせないそうです。しかも時間とともにミシミシとさらに硬くなるのだそうです。また、「わがさ」に流されたとき、笠をかぶっていると頭が下になり、さらに危険が増すといいます。

私が小学生のころ、通学路に三か所の「なでつぎぴら」があり、そのひとつは何十年も落ちない「ひら」だったのですが、私なりに安全策を考えたものです。まず、そこに差しかかったとき、四分目あたりまで進んで頭上で異変を感じたら、上を見ないですぐに後退すること。次に、異変を感じたときに四分目を越えていたら、躊躇《ちゅうちょ》せず全速力で駆け抜ける、ただし絶対に転んではいけない、ということです。

一人で歩くときは、いつもこれを実行したものです。一〇人以上の列でしたら、この方法でも危険ですが、幸いそのような場面に遭遇したことはありませんでした。

ある日、マサエさん（壽也氏の三年年少）が、塩根川の「なでつぎぴら」のひとつである「朴木《ほんぬぎ》の尻《しり》」で「春雪崩《はるなで》」に会い、川の向こう岸の水のないところまで流されるという事故がありました。彼女は、着ていたマントが雪に押さえられて立つことができなかったそうですが、幸い通りかかった大人に助けられました。奇跡のような話です。マサエさんは令和二年に亡くなりました。

雪とは無関係の雪崩に「つづなで」（土雪崩）という土石流があります。「つづなで」は、山の斜面に溜まった土が液状化して流れることです。及位では、昭和五〇年に旧及位地区で発生しました。幸い人家に被害はなかったものの、土石は県道を越えて線路近くにまで達し、郷倉《ごうぐら》が一棟流されました。先輩の高橋秀弥さんの家から一五〇メートルほど東のほうです。

平成二三年（二〇一一）三月に発生した地震による、栗駒山の土石流発生の原因も、厚い土層の上にあった多量の残雪が泥水化したためです。この泥水は水よりも比重が大きいため、岩石も軽々と浮かせて運んでしまうのです。

私は、秋ノ宮村の山に何十年も通うなかで、土石流跡を二回見ました。土石流が下った沢では、草も柴も根こそぎ、倒木やごろ石までもあらいざらい下流まで運んでしまい、その跡はまるで高速道路のようになっています。その後、雪崩のあとと同じく、ここはフキなど山菜のよい採取場になったのです。

雪道

塩根《しよね》川《が》地区は、ムラの入口から塩根川に沿って約五キロ、順に「虻川原《あぶがわら》」「塩根川」「赤倉」「中《なか》の股《また》」の四か所の小部落（集落）で構成されています。「中の股」は行き止まりで、その先に道はなく、そのうえ川に沿って山がすぐ近くまで迫っており、その向こう側は秋田県です。

国道 13 号線から及位地区へ

「塩根橋」から塩根川地区へ

塩根川に一八世帯しかなかった明治時代、雪が降って道型が消えてしまったとき、道はどのようにつくられたのか、想像を加えながら次に述べてみます。

今は山際に沿って町道が整備されていますが、昔の塩根川道は雪崩《なで》を避けるためか、田んぼの中に馬がやっと通れるくらいの幅の、曲がりくねった道しかありませんでした。隣が近い家々では「隣の三尺」という習慣を守って、道をつなげたのだと思います。

私の「中小屋」家は一軒家でしたので、私たちは「俵沓《たわらぐつ》」をはいて公道までの一五〇メートルの道をこしらえました。でもこの道は、誰も通った跡が見えなかったと記憶しています。当時、川沿いに五キロほどの細長い塩根川部落には、家々が一八世帯しかありませんでしたので、ほとんど孤立状態だったのです。でも、明治期には郵便配達が来たと聞いています。もっとも郵便物があれば、の話ですが。

それ以前は学校もなかったわけですから、誰も歩く必要がなかったのです。それこそ、米と味噌、漬物、豆と大根があれば、水は山から途切れることなく流れてきますので、冬といえども暮らしに困ることはなかったのです。木小屋に行く道さえあれば、薪を持ってこられますから、寒さも気にかけなくてすみました。

「味噌のない家、薪のない家には嫁（娘）をやるな」

この言葉は、とくに冬の季節になると実感されます。

明治初期、及位《のぞき》村に小学校が建設されたころ、塩根川のいちばん奥に位置する中の股に在住する児童の通学のことなどは誰も語ってくれませんでしたが、今思うに、大雪の日は小学校を休むしかなかったでしょう。

大正時代、現在の町道の原型になったトロッコ道が整備され、それが馬車道になっていました。夏場には、トロッコ道の轍《わだち》二本とそのあいだの三本の道を人が歩きました。冬期間、ここは降雪で一本道になります。馬橇《ばそり》が通ると広い馬橇道ができて、左右二本の橇型は平たんで滑らか、歩きやすいように見えます。ところが表面が凍っているので、鏡のように光っていて、とても歩けるものではありません。ですから、やはり一本道でしかないのです。

私が小学生のころには、この道はふつうに歩けるちゃんとした道になっていました。当時、新及位地区には、一年をとおして炭を焼く人たちがおり、この人たちが朝早く歩いて道をつけてくれたのでした。

当時のおもな炭焼き山は「赤倉の沢」でした。ですから、「赤倉」から西の「塩根川」と「虻川原」までは、新及位・落合滝製炭組合のおかげで、早朝の道を確保することができたのでした。よくしたもので、「赤倉」と「中の股」からは、早朝、奥の炭焼き山に向かって「虻川原」「塩根川」「赤倉」の人たちが道をつけてくれたのです。このように及位では、

「雪道つくり」　土田左田三　尋5

「みちつくり」　寒河江庄蔵　尋5

雪道でさえ住民の共助によってうまく回っていたのです。

及位では、ひと晩で一尺（約三〇・三センチ）以上の降雪のある日が、ひと冬に何回もあります。こういう日の朝は、一面の銀世界です。ここを最初に歩く人は、地形や木・建物の場所など、昨日の記憶をたどって一歩一歩慎重に歩を進めました。水路や小川の橋も無視できませんでした。

このときには、「輪かんじき」の装着が必要でした。雪質によりますが、一歩進むごとに五寸（約一五・二センチ、一寸は約三・〇三センチ）以上は沈みます。次の一歩を踏み出すときには一歩目の足がさらに沈むので、雪の中に転倒しないよう注意しながら、後ろ足をできるだけ伸ばして前足を上げる気持ちで雪の上に下ろし、これを繰り返しながら前進します。このときには、上げた足にタメをつくって前後に四股《しこ》を踏む格好になりますから、上体は前傾姿勢になり、当然歩度は遅くなります。誰から教えてもらわなくても、この歩き方は皆、同じ型になるのがおもしろいところです。

「かんじき」には、「かんじき」と「かなかんじき」の二種類があります。「かんじき」とは、「輪かんじき」のことですが、皆、「かんじき」と呼んでいました。「かなかんじき」は、通常、山で橇の仕事をするときのブレーキ用に使いました。夏山でも、ゼンマイ採りなどでみんな使用しましたが、私は二五歳のころにこの使用をやめました。必要のない小道具だと悟ったからです。

雪道の「かんじき」歩行で、深さ五寸の穴ができたとすると、二人目の足跡が穴の底を少し固めます。これで、三人目以降はほとんどぬからなくなるのです。そのうえ人が通るたびに穴に雪が落ち込んで、足形の底がかさ上げされます。こうして何十人も通ると、足跡と周りの高さが同じになって、摺《す》り足で歩くことができるようになります。この道を「あごつり道」といいます。「あご」は「歩」の意味で、「一歩《ひとあご》」「二歩《ふたあご》」「三歩《みいあご》」となり、「つり」は「つる」で、脚を下ろすことをいいます。こうして、雪野原に長い樋《とい》を置いたように、立派な「あごつり道」ができあがるわけです。

しかし、道としてはまったく不完全で、最初の人が足跡を記した場所以外はまだ踏み固められていません。でも、「あごつり道」は、人が通るたびに確実に歩きやすくなってきました。

「あごつり道」の両側の壁を「はっぷぢ」と呼んでいます。「はっぷぢ」が高いとか、低くなった、というふうにいいます。低くなると、女性や老人たちが庭履き用の「くつ」「へどろ」などをはいて、近所へお茶飲みに外出できるようになります。

でも、「あごつり道」で、安心して「あご」をつれるのは、最初に歩いた人の足跡の上だけです。「かんじき」の輪の部分でできた、見かけのうえでは柔らかい雪が固まったような場所に足を踏み入れると、たちまち埋まってしまいます。ですから、立派な樋状の道ができていたとしても、じつは湿地の上に足跡ほどの太さの杭を並べ立てただけのようなものなのです。その上を人びとが通れば、半日で凸凹の歩きにくい道に変化してしまうのです。

一方、炭焼き山では、私道であっても「かんじき」着用の義務がありました。「あごつり道」ができ、摺り足で歩くことができるようになると、誰もが「かんじき」を脱ぎたくなります。

旧陸軍歩兵の速足歩行は、一分間に一一四歩、歩幅は七五センチと決められていたといいます。ところが、「あごつり道」の場合、歩幅は五〇センチ以下、つまり歩度は七〇%以下だったと推測されます。そこを摺り足で歩くとなると、歩度は一五〇%ぐらいに増加するでしょう。ところが、「かんじき」をはくと、そうはいきません。

ですから、若い人ほど「かんじき」を早く脱ぎたがって、「やろ達《だ》、かんじき、へであるげよ（着けて歩けよ）」など、先輩の叱声《しっせい》を浴びていました。この「やろ達《だ》」が若者全体に対する諭告になって、規律上たいへん効果があったのです。

もし、炭焼き山を「かんじき」ではなく「壺脚《つぶあし》*2」で歩きつづけると、沓底についた少量の雪が足跡の上に付着しますから、それが足跡の杭の頭のような部分が尖《とが》った形になり、歩きにくくなりました。

［註］2　降り積もった新雪の上を歩くときなど、アイゼンなどを使わずに足を踏み込んで壺状の足場をつくりながら歩くこと。

「ゆきふみ」　植松吉太郎　尋5

ですから、「かんじき」走行もまた「あごつり道」の成長に寄与したといえます。よい道は、みんなが協力してこそつくられる、ということなのでしょう。

炭焼きの場合、降雪があった朝、道は、炭焼き小屋に泊まった人が麓《ふもと》の炭庫《たんこ》まで炭を運ぶ朝仕事でつくられはじめます。このとき、麓からは炭焼き小屋に向かう人びとがおりますので、山道の上半分は炭を背負《しょ》った人がラッセルしながらゆっくり歩く歩幅、下半分は山道を上る人の歩幅になり、どちらにしても平地よりも歩幅の小さい道になります。

他方、伐木《ばつぼく》運搬はチームで作業しますから、山の現場に向かうときは列をつくって進みます。先頭の人がどんなに急いでいても、後ろの人たちは空を眺めて談笑しながらゆっくり進みます。そこで、先頭を頻繁に入れ替え、少しでも早く現場に着くよう速度を調整したものです。

雪道でいちばん楽しいのは、なんといっても「かたゆき」です。三月になって日差しが

「雪ふみ」　片桐実　尋6

「藁沓」画：佐藤 廣

強くなると雪の表面が解け、これが夜中に凍結して「かたゆき」になるのです。私が子どものころ、通学時には川端まで遠回りしながら「かたゆき」の上を歩くのがうれしかった記憶があります。上級生のおかげか、事故などは一度も起こりませんでした。今の子どもたちはバス通学です。安全上「かたゆき」通学が禁止されているのでしょうか。

最後に、冬の「履き物」と「かんじき」について述べます。

昔の及位での「履き物」には、「あしなか」「ぞうり」「わらじ」「げた」の類があり、これらはすべて夏物です。冬物はすべて「くつ」（沓）と呼んでいました。

「くつ」は稲作とともに発達したのだと思うのですが、藁《わら》がなくても木の皮や草でつくることが可能です。冬ぐつは、足の甲も護られるようになっており、種類も多く、私が知っているだけでも「へどろ」「つまご」「へみかしら」「ずんべ」「くつ」などがあります。

「つまご」は、足の下（底）と上が別々の工程でつくられており、下のほうは「わらじ」をつくったあとで、上部と合体させる仕組みでした。「ずんべ」には、「ふかずんべ」にしたものもあります。

また、「くつ」は、「くつ」のなかの「くつ」とでもいいましょうか、下ごしらえから仕上がりまで、短時間でつくることができて、保温性にも優れていました。明治時代までは、この「くつ」こそが冬履き物の主流だったと思います。私の父は忙しいときでも、とても上手につくっていました。

冬ぐつには、庭履き用と山用の二種類の型があり、私も「へどろ」や「ふかずんべ」をつくりました。

部分林

塩根川《しよね　が》に「佐藤三蔵外一七名」という言葉があります。これは、明治期の塩根川の世帯数を表すと同時に、当地で最初につくられた共有地「ムラばやし」の名義人を指す言葉でもあります。名義のうえでは一八名の共有地ですが、ムラの構成員みんなの財産として、手入れを施し、木材や山菜などの産物を販売したときには、一八名に分配されることなく、ムラの収入として部落会の会計に入れました（その後、六二世帯まで増えました）。

昭和三〇年（一九五五）ごろ、この山のスギの木を売り、その代金で別の「ムラばやし」を買い、財産を増やしました。現在、このようなスギ林が三か所、四筆に増加しています。いずれも個人名義ですが、すべてムラの共有林です。

このほかに「部分林」[*3]指定山林があります。これは国が国有林を提供し、地元の住民が造林・育林する仕組みになっています。「部分林」は、塩根川地区全域で五か所ありました。そのなかで、いちばん古くて大きい林が「戸屋沢山」（問屋沢山）の「清水《すず》の平《たい》」にあったのですが、平成一五年（二〇〇三）度に伐期延長の末に解消されました。このとき、ム

〔註〕３　「国有林野において国以外のものが分収造林契約に基づいて造成した森林。歴史的には、江戸時代において農民が藩と収益を分収することを前提にして造成した森林に始まり、一八九九年（明治32）制定の国有林野法に引き継いだもので、国有林野の使用権や所有権に一定の制約を及ぼすものであった。第二次世界大戦後の一九五一年（昭和26）に同法が全面的に改正された際にもそのまま承継されたので、国は長い間、権利関係を複雑化させる部分林の新設を極力回避し、市町村をおもな契約の相手方としてきた。しかし、国有林野事業の財政悪化に伴い、一九七〇年代から国有林経営の改善策の一環として部分林の活用が推進されるようになった。さらに一九八四年、分収育林制度が導入されたのを機会に、部分林は分収造林と改められ、それらの積極的拡大が図られた。この改正によって、部分林は民有林の分収造林と同じ概念を使用することになった」（『日本大百科全書』）。

ラに七〇〇万円余りの収入がもたらされ、平成一六年の塩根川公民館新築時に活用されました。

「清水の平」の「部分林」は、紀元二六〇〇年の記念事業（昭和一五年）で、私が小学校五年生の冬に炭焼きをして、翌年秋に植林されました。伐期が延長されたのは、スギの価格が下がったためです。価格の高い時期であれば、塩根川ムラは億単位の大金を手に入れるところでした。

じつはこのとき、離村していた元住民から、スギの売却金の分配請求がありました。しかし、最初のケーヤク（契約）が「ムラのよきことに使う」ということになっていましたから、請求者への分配は行いませんでした。このような時期でしたから、再植はせず、「清水《すず》の平《たい》」はムラの「部分林」ではなくなりました。でも、塩根川全域ではまだ四か所の部分林が残っています。

近隣の「朴木《ほうき》沢《さわ》」「新及位」「旧及位」などのムラでは、現在、造林当時の成員の子孫だけで部分林が運営されているようです。

第二章 ❖ 炭焼き

「木登りごっこ」

ねずみとこびき

ねずみど　こびきは
ひがねば　くよね
ゼッコン　ゼッコン
ゼッコン　ゼッコン

ねずみが食べ物を引いていく「ひく」と、木挽きが木を挽くの「ひく」を重ねた歌で、幼児と向き合い、手を取り合って、幼児を前後に揺り動かしながら一緒に喜ぶ、大人参加の遊び歌です。

炭山

大正時代は、地元のボスが炭の払い下げを一手に引き受けて、「焼子《やきこ》」が焼いた炭を引き取って儲《もう》ける方式が主流でしたが、私たちの時代はそういうことはなく、山林組合を通して製炭組合が払い下げを受けて、組合員が炭を焼くというシステムに変わりました。

及位《のぞき》にいつごろ炭焼きが入ってきたのか、はっきりわかっておりません。当地の郷土史家だった高橋秀弥先輩（故人）の調べによると、幕末のころ、院内《いんない》銀山で使用するために甑山《こしきやま》の周辺で焼いた炭を、朴木沢《ほうきざわ》の奥の「川入《かわいり》の山」と院内の奥の「南沢」をまたぐルートで運んだということです。また、炭焼きを専門に行う「焼子」が、及位の人か院内の人なのか、ということもわかっておりません。

一方、私の友人で四歳年下の佐藤順一さんによると、大正の初めに秋田県秋ノ宮から塩《しお》根川《ねがわ》に来た人たちが「仙北沢《せんぼくざわ》」（塩根川）に入って炭を焼いたのが、及位村における製炭のはじまりだといいます。

そのころ、順一さんの本家に「赤倉《あかくら》」権兵衛家から嫁いだウンという人がいて、乳飲み子を抱えながら「仙北沢」で焼き上がった木炭を及位駅まで橇《そり》で運ぶ仕事をしていたといいますから、順一さんの説は信憑性《しんぴょうせい》が高いと思います。

そのころに塩根川の人びとが運搬した木炭は、院内銀山で使用されたのだと考えられま

「雪囲い」画：佐藤 廣

す。塩根川における初期の木炭は、俵装《ひょうそう》なしで集荷場に運ばれ、バラで目方を計って業者に売り渡す方式だったそうで、いずれにしても及位村における製炭の歴史は、比較的浅いようです。

　私が小学校に入学した昭和一〇年（一九三五）当時、塩根川では冬季間の仕事として、炭を焼く人がたくさんおりました。うちではいつごろ炭焼きをはじめたのかを考えると、私が小学校三年生のころ、父から「すみだづ」（炭俵）づくりのための縄綯《なわな》いを教えられたことを思い出します。子どもの綯う縄は、撚《よ》りのかかり方が不《ふ》揃《ぞろ》いのうえ細くて弱いので、「すみだづ」や家の雪囲いの一部に使用されたのです。

　父は次男だったために国鉄の通信区に就職し、その後、家を継ぐことが決まって、母が嫁にきています。したがって、それ以前には炭を焼いておりませんし、祖父の松四郎と父の兄の忠治（壽也《としや》氏の伯父）が炭を焼いたという話は、母（ケフ）からも祖母（トリヨ）からも聞いたことがありません。

　そんな記憶から、うちでは父が嫁をもらって私が生まれたころ、すなわち昭和三年以降初めて炭焼きに参入したものと推測しました。

一方、製炭をやめたのは昭和四〇年、「仙北沢」の「にっちゃひど」で焼いたのを最後にしたことは間違いありません、私も父と一緒にそこで焼きましたから。

ところで、「山根境界《やまねけいかい》」という営林署の用語があります。それは、すべての民有地は山裾の境界までだという意味です。それで、国有林の中に位置する及位での製炭は、国有林の用材に依存して行われざるをえませんでした。

国有林で炭焼きをするためには、まず部落ごとに「製炭組合」を組織する必要がありました。塩根川には古くから「塩根川部落会」があって、全所帯が加入義務を負いました。また、全世帯加入の「山林組合」もあり、このなかに「萱場《かやば》組合」「採草地組合」「ナメコ生産組合」「委託林組合」「部分林組合」などがあって、「製炭組合」もここに組み込まれました。

余談ですが、ほかに「水利組合」もあります。これは水系ごとにその水を使用する家が加入しますので、ムラ全体の組合ではありません。ちなみに塩根川では、全部で一二の水

佐藤壽也氏の祖母トリヨさん

系があり、組合員は取水口の工事や水路の修理などを平等に負担しました。

次に、「製炭組合」では、組合長が営林署に製炭用材の払い下げを申請します。これは、及位担当区事務所で申請することができました。私が製炭をはじめたころ、そこで「しゅうぎあん」という不可解な言葉に出会いました。後年、ある文書のなかに、「施業案《しぎょうあん》」の文字を見つけ、「しゅうぎあん」は聞き違いだということに気づきました。「施業案」とは官公署などの事業計画のことで、営林署と製炭組合の場合は五か年計画ということを知りました。

三番目に、「施業案」が策定されると、その年の炭焼き山が決まります。このとき、住民の意向は組合長経由で営林署に伝えられますが、大変なのは「予算組み」という作業で、その年に伐採する区域を決めて測量し、図面を作成しなければならないのです。

同時に、区域内の立木を一本一本調査して本数を決めなければなりません。そのときには、木に番号テープを貼る者、木の太さを測る者などの人員が必要ですから、これには営林署から職員が二、三名、「製炭組合」からも数名の組合員が出て、作業が進められます。野帳《やちょう》には、番号・樹種・直径・樹高などを記入するのですが、あとで監査が入りますので、この調査は正確でなければならないのです。

この場合、樹高は実測不能ですから、営林署がおおよその高さを見定めます。担当署員の腕の見せどころでもあります。これらの調査結果をもとに、営林署が図面を作成するのです。樹高当ての腕を磨くために、営林署では競技会を開催して職員の技術向上を図っている、という話です。

四番目に、製炭用材払い下げ代金を納付します。金額は、鉄道や国道までの距離に応じて異なり、山奥の立木ほど木代金は安くなります。国有林の木代金は、その用途ごとに単価が異なっており、いちばん安価なものは地域の家庭用の薪、二番目が製炭材です。

そのほかに、木工工場などの業者に払い下げる用材、地元の人びとに伐採・運搬などの賃仕事を提供するための「稼ぎ用材」などがあり、これは、たいてい「山林組合」に払い下げられました。個人向けには、私有地の日照妨害になる立木は「支障木」として伐採許可が得られますし、樹種によりますが、国有造林地内の上部が折れたり傾いたりして傷んだ立木は、新・増改築の名目により格安で払い下げられました。

五番目に、用材引き渡しの手続きを行います。炭焼き山の場合、択伐《たくばつ》方式と皆伐《かいばつ》方式があり、前者は一本一本の木の根の最下部に「官払」を刻印し、後者では区域内の主要な立木を何本か選び、その木だけに刻印して終わります。

これでやっと今年の山が「製炭組合」の所有になり、「山分け」作業を進めることができるようになります。

塩根川製炭組合員

No	組合員	後継者	部落	屋号
1	佐藤勝一		虻川原	大砲
2	原田作蔵	昭作	虻川原	喜作
3	高橋米蔵	豊	虻川原	米に菊屋
4	高橋石之助	清	虻川原	留之助
5	高橋与四郎	捷也	虻川原	豆腐屋
6	佐藤　廣	壽也	塩根川	中小屋
7	佐藤孝六	孝次朗、孝雄	塩根川	要助
8	佐藤啓次郎	敬一郎	塩根川	新屋
9	高橋仁助	伝治	塩根川	伝兵衛
10	佐藤市五郎	孝、幸一郎	塩根川	
11	佐藤与惣吉		塩根川	長兵衛
12	佐藤長治	正作、亮一	塩根川	長之助
13	佐藤善作	亀治、喜一	塩根川	三七
14	佐藤勝治		塩根川	
15	佐藤新太郎		塩根川	
16	佐藤兼蔵		塩根川	馬喰
17	佐藤福太郎	正元	塩根川	
18	佐藤長松	寛行	塩根川	別家
19	高橋久治	正一、正三	塩根川	
20	栗田幸一		赤倉	
21	佐藤善吉	金繁	赤倉	権兵衛
22	高橋安太郎	栄二	赤倉	
23	佐藤警吾		赤倉	
24	高橋初造	義一	赤倉	
25	佐藤芳蔵	順一	中の股→赤倉	
26	兼子　登		赤倉	
27	栗田乙蔵	円次郎	中の股→赤倉	
28	高橋今朝治		中の股	
29	栗田　武		中の股	
30	高橋巳之松	金松、秀年	中の股	巳之松
31	栗田幸右衛門		中の股	
32	栗田板五郎		中の股	
33	栗田軍吉	六太郎	中の股	鷹使い
34	栗田勝太郎	徳一	中の股	徳兵衛
35	栗田行雄		中の股	伝吉
36	栗田外造	作次郎、徳四郎	中の股	徳左衛門
37	栗田勇蔵	勇徳	中の股	
38	栗田一郎		中の股	
39	栗田　忠	広吉	中の股	お清水（すず）様
40	栗田与蔵	得三	中の股	

最後に、「山分け」を行います。「山分け」とは、製炭希望者に用材を割り当てることです。「山分け」というと大ざっぱな作業に聞こえますが、希望者は少しでも優良な用材を確保したいと願うものですから、この作業はたいへん緻密で公平さを期する仕事にならざ

るをえなくなるのです。それは次のような手順で進められます。

まず、「四・五の窯」ひと窯分の材積がありそうな「標準木」を選び、そのくらいの大きさの木を木炭一〇貫匁（三七・五キロ、一貫匁は三・七五キロ）の用材にしようと決めます。「四・五の窯」というのは、卵型に窪ませた内部の長さが横四尺（約一二一・二センチ、一尺は約三〇・三センチ）、縦五尺（約一五一・五センチ）ということで、卵の尖《とが》った部分が窯の入口側になります。石窯では「五・六」サイズがいちばん大きい窯になります。

次に、山刀を使用して木の皮を削り、墨で通し番号と〆《かんめ》（貫匁）数を書き、同時にそれを記帳する作業を進めます。〆数が書かれた木を「でぎ」（台木）と呼びます。また、細い木がまとまって生えているような場合には、数本の木をまとめて同じ番号にすることもあります。そのときには、いちばん大きいサイズの木に番号と〆数を書き、そのほかの木には同じ番号と「の内」と書きます。この作業が終了すると、用木の本数と総〆数が計算され、製炭申請者数の用木が算出されます。

以前、私は、「山分け」が終わった金山《かねやま》町中田地区の山を見たことがあるのですが、そこでは「貫匁」ではなく、「俵」を使用していました。「製炭組合」によって表記単位が異なることを知りました。

こうして一連の公的な手続きが終わると、いよいよ申請者個人への用木割り当ての籤引《くじび》きを行う段階に入ります。人数割りですから空籤《からくじ》なしです。籤引きは、番籤を引いて順番を決めることからはじめます。

「くじひぎすっさげ、山分げ賃もてあづまれ」との触れが、口頭で伝えられます。「山分げ賃」というのは、木を調べて籤をつくった人たちに支払う日当賃金のことです。この籤は上質のカレンダーをA5サイズぐらいに切って、その裏を使ってつくってありました。なお、当日、炭庫《たんこ》の修理や新築の日程、縄や茅《かや》の持ち寄り数量なども相談します。

今年の炭山の個人持ち分が決まると、申請者はさっそく山見に出かけ、籤に書いてある番号の木を探します。そうして数十本の用材を効率よく運ぶために、地形を見ながら集積場所を見定めます。

「木寄へ」（木寄せ）という、用材を窯まで運ぶ作業も難題です。丸太に切って転がすだけで、「木割り場」まで運ぶことができるといいのですが、実際にはそう上手《うま》くはいきません。

じつは、用材代金納付や引き渡し修了の前に、担当区から山に入って作業する許可（通達）が下りる場合がありました。ひと口に築窯製炭といっても、窯一基と小屋を三つ建てる必要があるため、延べ人員三〇人を要するたいへんな作業なのです。

焼き上がった炭俵を保管する共同炭庫の修繕や新築の日程も考慮に入れなければなりません。「窯を置く」のは晩秋の仕事で、そのころの家々では、まだ稲の始末が終わっておらず、家や庭木の雪囲いもまだ、肥塚（堆肥塚《たいひ》）の切り返しや鯉《こい》の塒《ねぐら》の土揚げ、茅刈・大根引きなどの作業も待っています。とっくに紅葉も散って夕暮れの早い降雪前の塩根川は、一年でいちばん忙しい季節なのです。

「雪を掴《つか》んでの窯巻きだけはしでぐねもんだな」

どの家の親父たちも皆、同じことを呟《つぶや》いたものです。

炭窯

炭窯と炭焼き小屋の建造を「窯を置く」、その敷地を「窯やちと」といいます。炭窯の築造は「巻く」、小屋の建造は「かける」といい、「窯やちと」の選定には以下の条件すべてを満たすことが重要です。

①雪崩の危険がないこと

②製炭の原木伐採に支障がないこと

③水利がよいこと

④「窯を巻く」ための石や土が近くにあること
⑤湿気が少ない土地であること
⑥隣の山の人と競合しないこと
⑦上の「ひど」（山肌のヒダ）からの、地下水の流れ道になっていないこと

石窯には、「掘込窯《ほっこみがま》」と「置窯《おきがま》」という二通りのつくり方があり、どうしても湿地に窯を置かなければならないときは「置窯」にしますが、人によっては「木寄へ（せ）」の利便性を犠牲にしても「掘込窯」をつくりました。

「置窯」は枠組みを頑丈にしなければ窯全体が緩んでしまう心配があるために、「掘込窯」の二倍以上の労力が必要なうえ、日々の手入れもたいへんな作業量になるからです。私の父も一貫して「掘込窯」方式を採用して炭を焼きました。

「掘込窯」は、山の斜面に卵型の穴を掘り、窯本体をそっくり埋め込むような形でつくります。しかし、塩根川《しよねがわ》の山々は土の層が薄いため、築窯に必要な深さの半分くらいまでしか掘ることができませんでした。

そのうえ、石窯一基をつくるためには数百個の石と、それに見合う練土《ねりつち》が必要です。その材料は近くの山や沢から集めるのです。昔から及位《のぞき》の山では、笹薮《ささやぶ》を掘ると多くの土が

出るといわれており、「しょぷ木」（カヤの木）の生えているところには石が多い、といわれておりました。先人の経験知に助けられます。

窯が完成すれば余分な石は不要ですが、土は窯の調子を保つために完成後も必要なのです。ですから、良質の土を得られない「窯やちと」は、のちのち困るのです。

掘り出した土の、表土の黒い部分は炭焼き小屋の庭の整地用に、その下から出る赤土は窯を巻き上げるときの練土用に使用します。

場所によっては、炭窯に大敵の水が出る場合もありました。一一月の及位村の山は概して水分が多いのですが、たとえ降雨によって水が出たとしても、二日もすると元通りになります。でも、その後の作業が遅れますから、雨によるダメージは大きいのです。

さて、石と土は準備したので、次は窯本体をつくるために木を使用します。窯の前面には木の枠で「鳥居」をつくって取り付け、左右の外側の外壁をつくります。これには「帯」と呼ぶ曲がった二本の腕木《うでぎ》と、「柵立て」と呼ぶ割り木が必要です。この腕木と「柵立て」の代わりに、理想的な曲線で窯を形づくることができる「しがらみ」をつくる場合もあり、ここでは杭と柴を使用しました。しかし、これには「鳥居」とのつながりがないため、丈夫なブドウの蔓《つる》などを使用して補強する必要がありました。

寄り道になりますが、『やまびこ学校』（無着成恭編、昭和二六年）には、父親の「窯巻き」を手伝って、山から「帯」にするための「曲がり木」を切ってくる場面を生き生きと表現した佐藤藤三郎《さとうとうざぶろう》氏の作文が掲載されています。

私が父の言い付けで「曲がり木」を切ったのは、一五、六歳のころで、曲がり具合・太さ・長さの三拍子揃《そろ》った理想的な木を二本見つけるのは、なかなか難しい仕事でした。こうして、「鳥居」と「帯」になる曲がり木を組み合わせて、窯の外壁ができあがりました。

次に、窯の入口と奥の壁をつくります。これには「役石《やくいし》」が必要で、通常、前年度の窯から外して使用しますが、割れていて使用不能のこともあり、そのときには新しい石を使用しました。

「役石」にはそれぞれ役割があり、「柱石」が二本、「額石《ひでいし》」一枚、「障子石」一枚、「二番障子」一枚、「戸石」一枚が必要で、「戸石」には覗《のぞ》き穴が付いています。これらの「役石」には、秋田県院内町《いんない》（現湯沢市）で産出する「院内石」を使いましたので、全組合員の必要数をまとめて石屋さんに注文し、貨車に積んで及位駅まで輸送してもらいました。駅からは、各自が自身の背中や馬車で「窯やちと」まで運びました。

こうしてすべての材料が揃《そろ》ったところで、「窯巻き」作業をはじめます。昭和一〇年（一九三五）当時の及位で、窯を巻くことができる人は、虻川原《あぶがわら》の石之助さん、塩根川の新太郎さん、中の股《なかまた》の勇蔵さん、それに新及位の善兵衛さんの四名しかおりませんでした。

この人たちのなかから都合がつく人に依頼して日程を決めると、ほかの必要人員は「よえ」(結)で集め、一日で窯を完成させるのです。

それぞれの役割は、「巻人《まきと》」一人、「胴込め」二人、「土練り」一人、石や練土を運ぶ人が一人、そのほかに火を焚《た》いたり水を運んだりする人が一人などで、最低でも六人は必要です。これらの人びとの協力を得て、午前中に窯の内壁、つまり胴の部分を終わらせなければなりません。胴は、石と練土を交互に重ね合わせて積み上げていきます。窯の入口と奥の出口付近には「役石」を用い、同時に後ろの煙が出る道「くど」(竈突)も、石と練土を使用して太い煙突に仕上げるのです。

午後には、石と練土で「はぢ」(鉢、窯の天井部分)をこしらえます。この作業は、「はぢを上げる」といい、午後四時までにつくり終えると上出来だといえます。

もうひとつ、窯の内部に石を敷く作業が残っていますが、これは、石さえあれば一人でも半日で終わらせることが可能です。あとは、窯の口に焚火《たきび》を移して、のんのんと燃やすのです。

すべての作業を終えると山は薄暗くなりますから、今日は一日ご苦労さまでした、ということで、みんなサッサと帰宅しました。

以下、思い出しながら窯の図面を書いてみましたので掲載します。

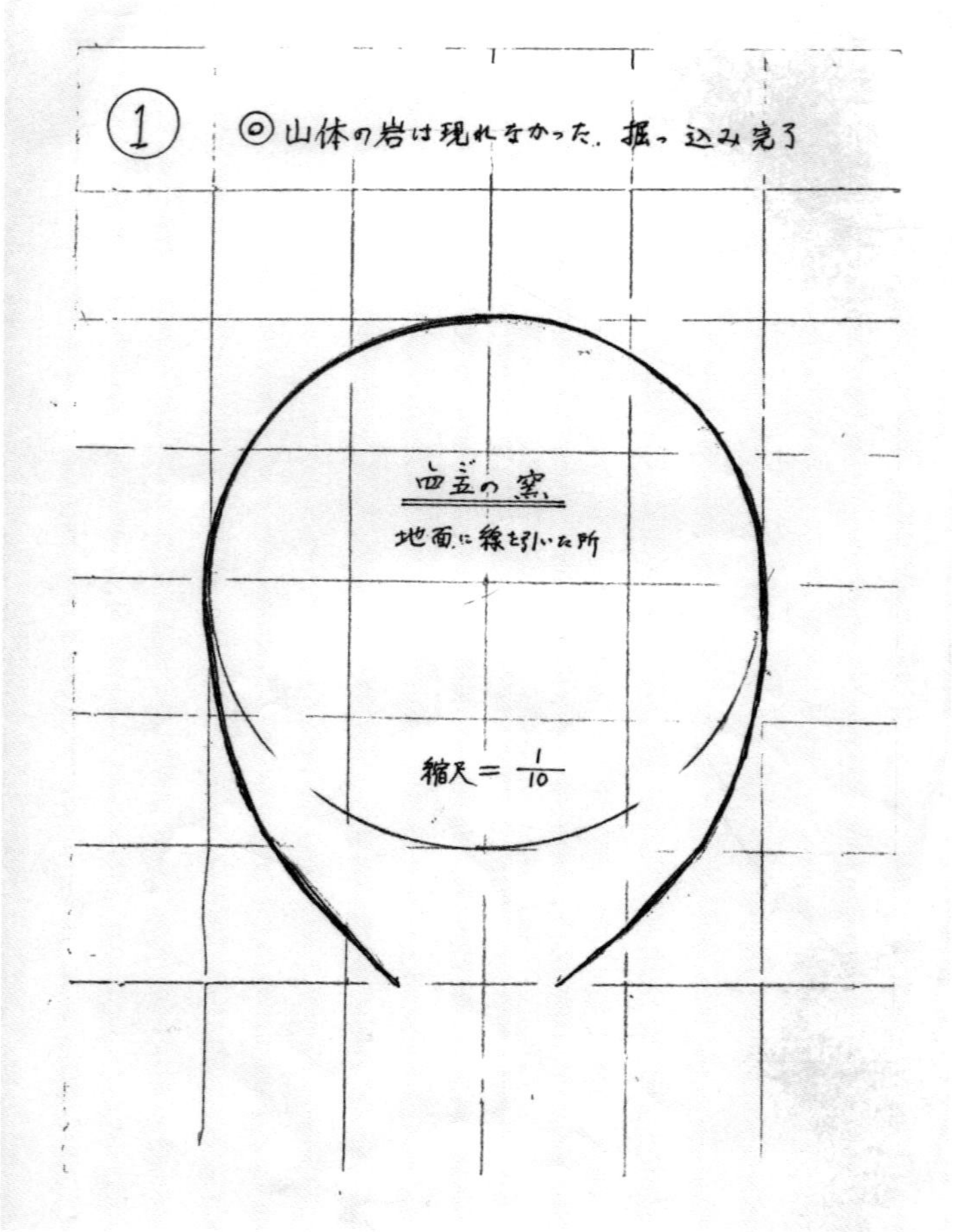
①
◎山体の岩は現れなかった。掘っ込み完了
四《し》五《ご》の窯
地面に線を引いた所
縮尺＝1/10

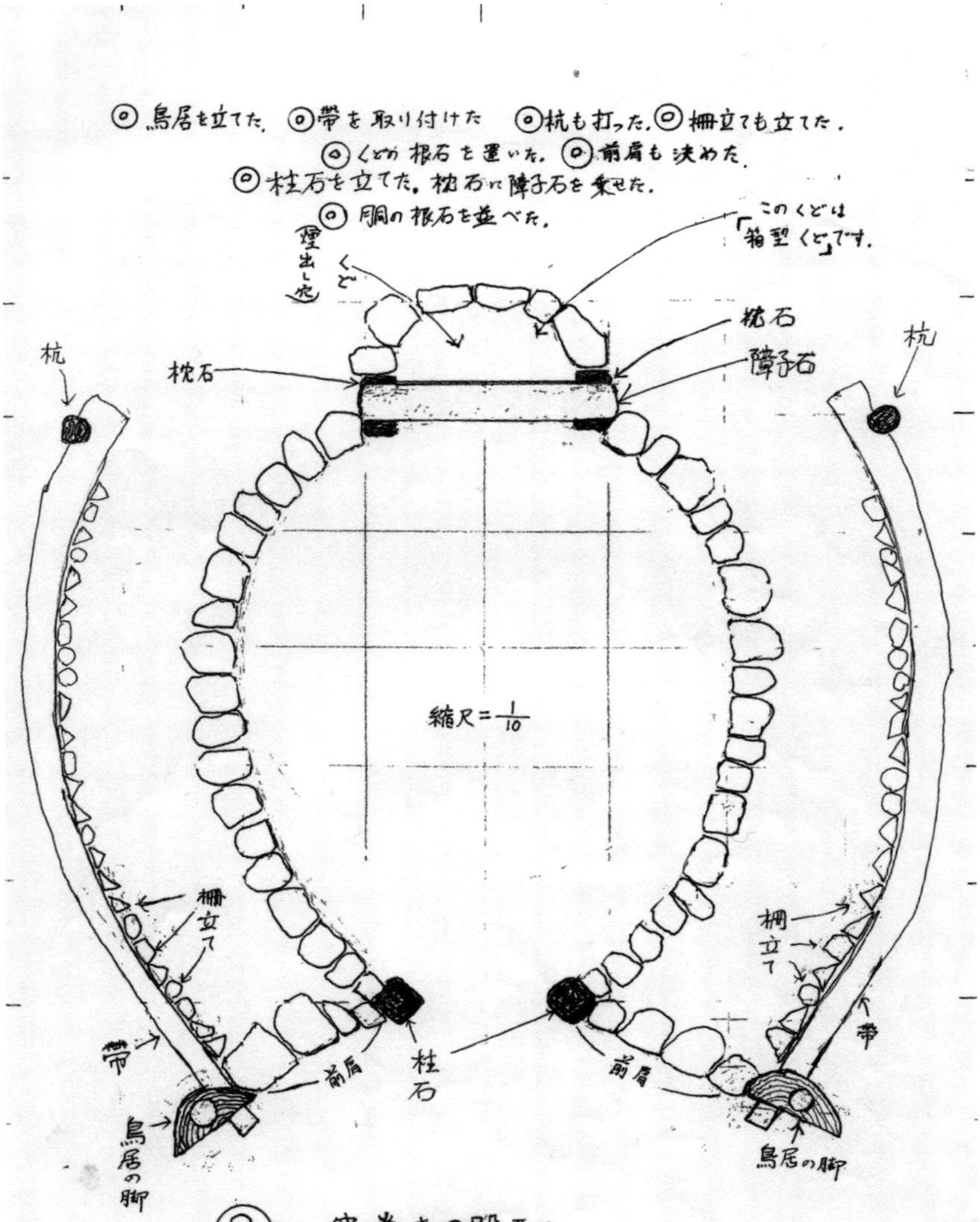
◎鳥居を立てた。◎帯を取り付けた ◎杭も打った。◎柵立ても立てた。
◎くどの根石を置いた。◎前肩も決めた。
◎柱石を立てた。枕石に障子石を乗せた。
◎胴の根石を並べた。
煙出し穴
くど
このくどは「箱型くど」です。
枕石
障子石
枕石
杭
杭
縮尺＝1/10
柵立て
柵立て
帯
帯
前肩
柱石
前肩
鳥居の脚
鳥居の脚

② 窯巻きの段取り

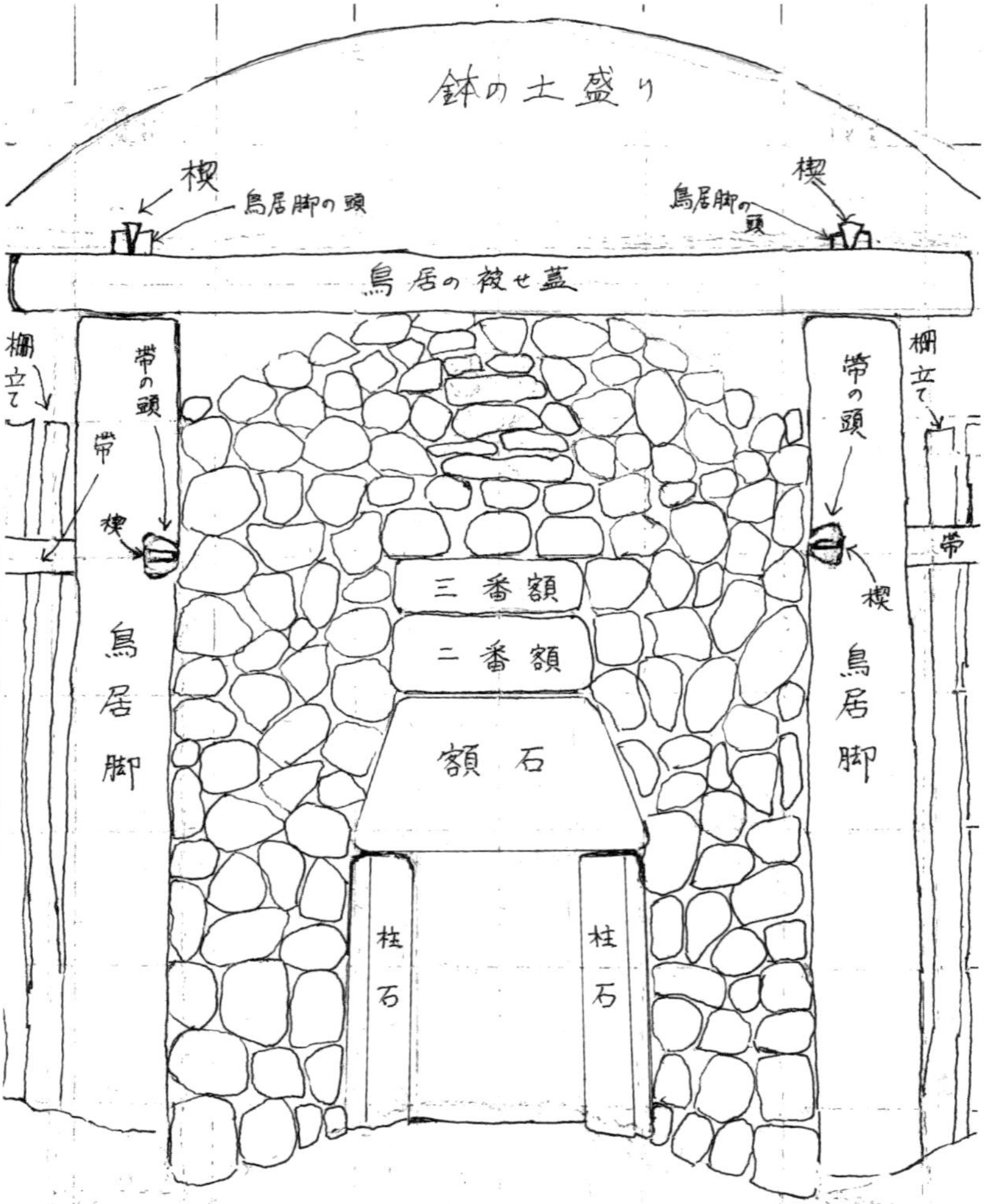

縮尺＝1/10　③　窯の前面の石組み

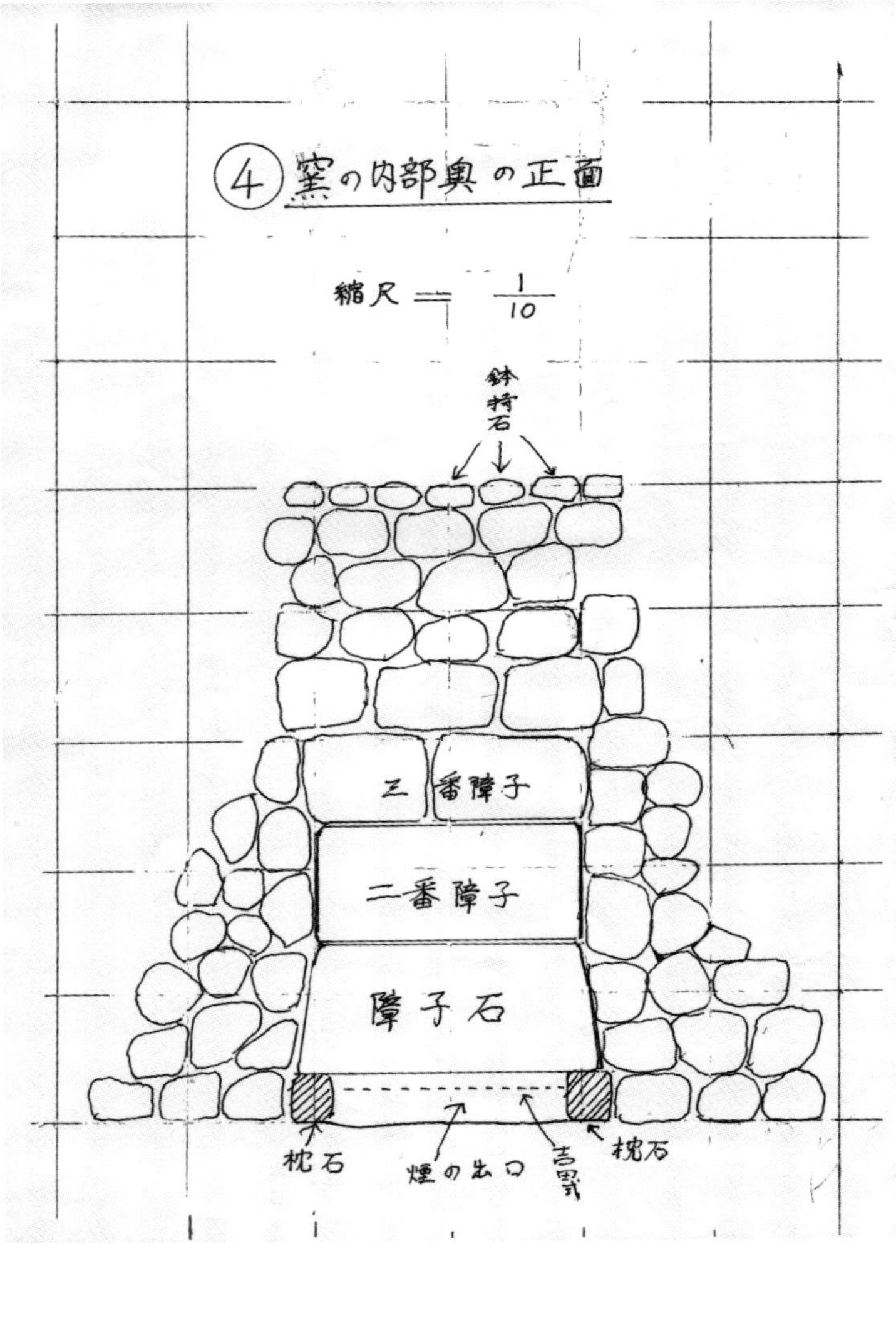
④窯の内部奥の正面
縮尺＝1/10
鉢持石
三番障子
二番障子
障子石
枕石
煙の出口
枕石

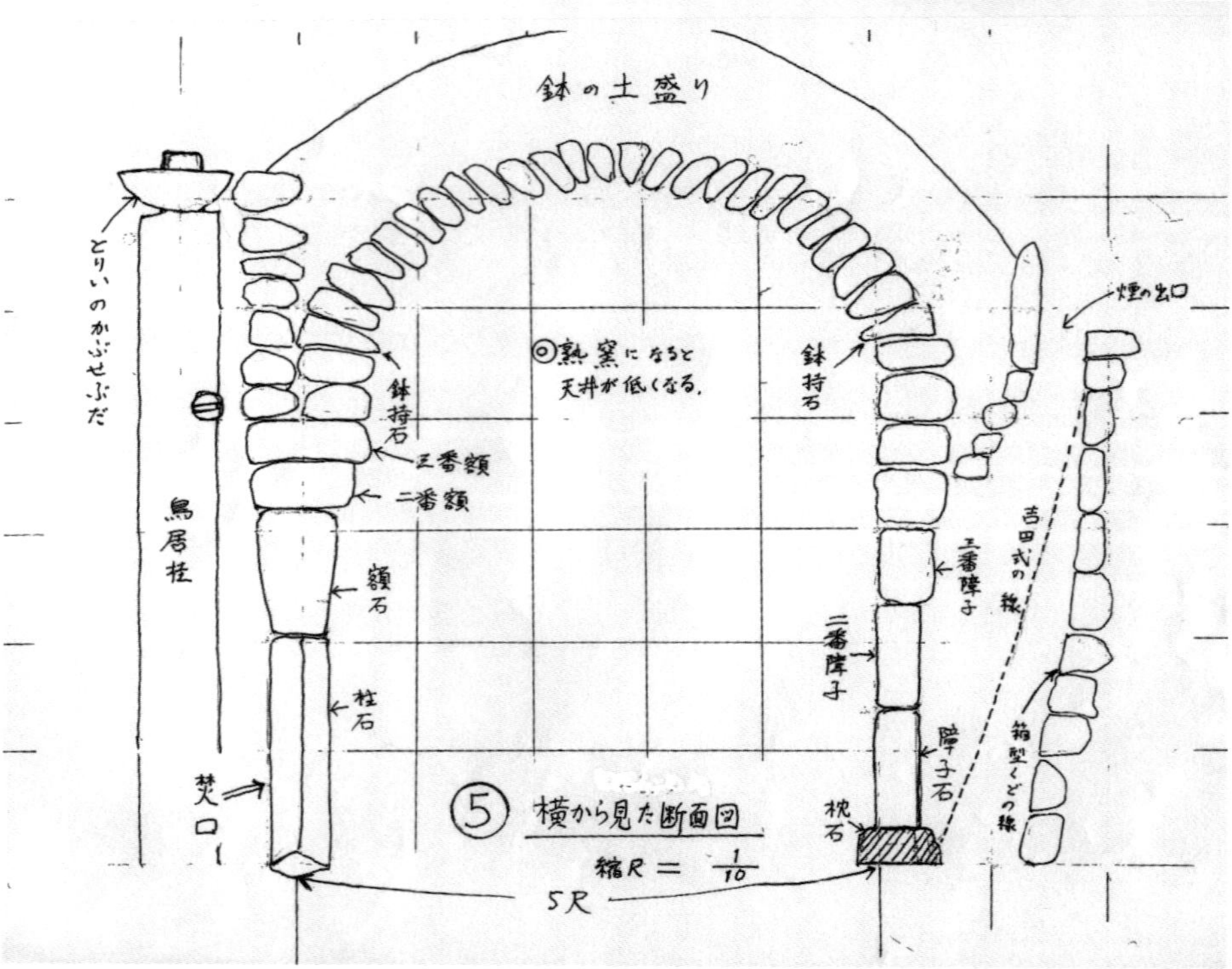
鉢の土盛り
とりいのかぶせぶだ
鳥居柱
鉢持石
三番額
二番額
額石
柱石
焚口
◎熟窯になると
天井が低くなる。
鉢持石
三番障子
二番障子
障子石
枕石
煙の出口
吉田式の線
箱型くどの線
⑤ 横から見た断面図
縮R ＝ 1/10
5尺

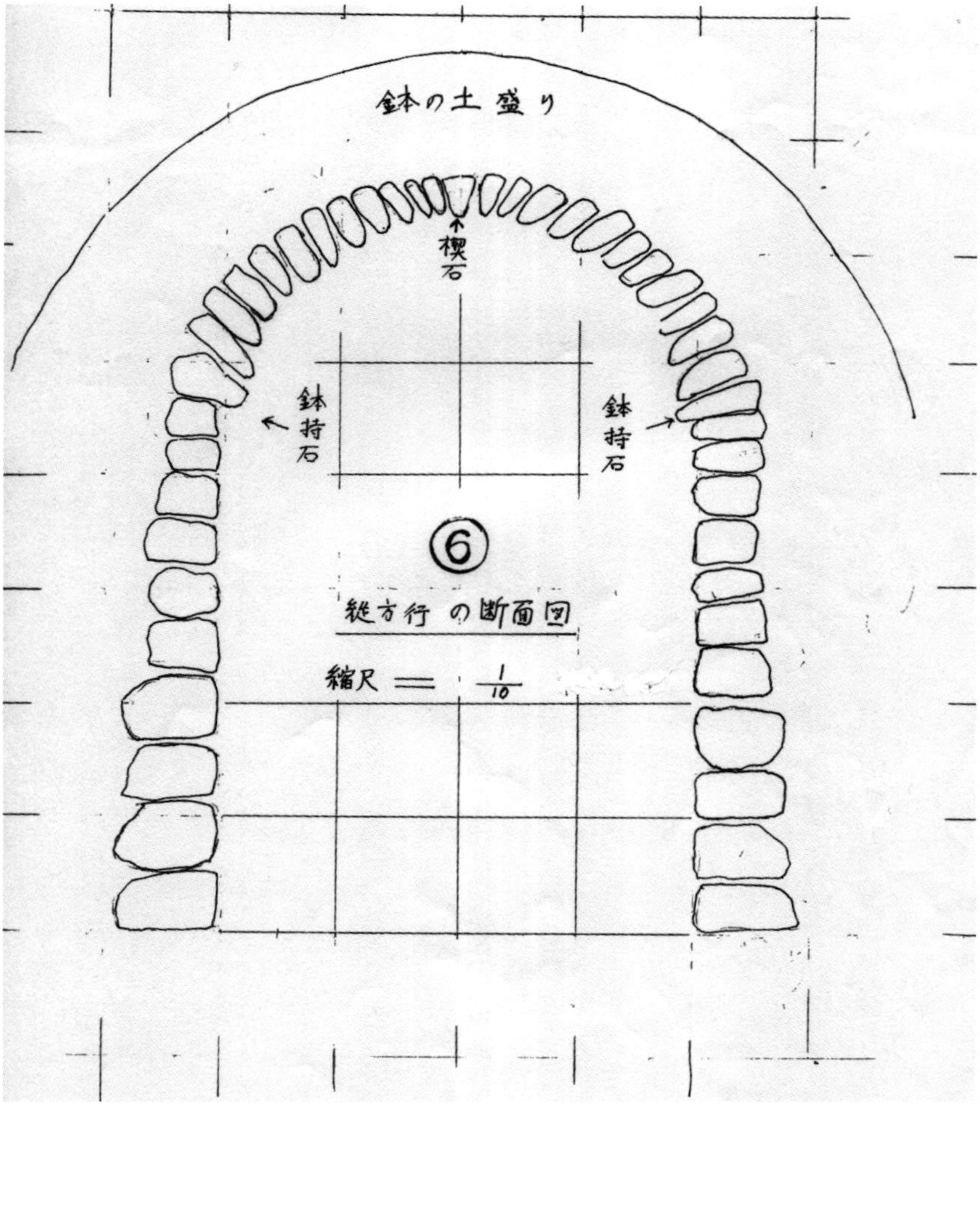
鉢の土盛り
楔石
鉢持石
鉢持石
⑥
縦方行の断面図
縮尺 ＝ 1/10

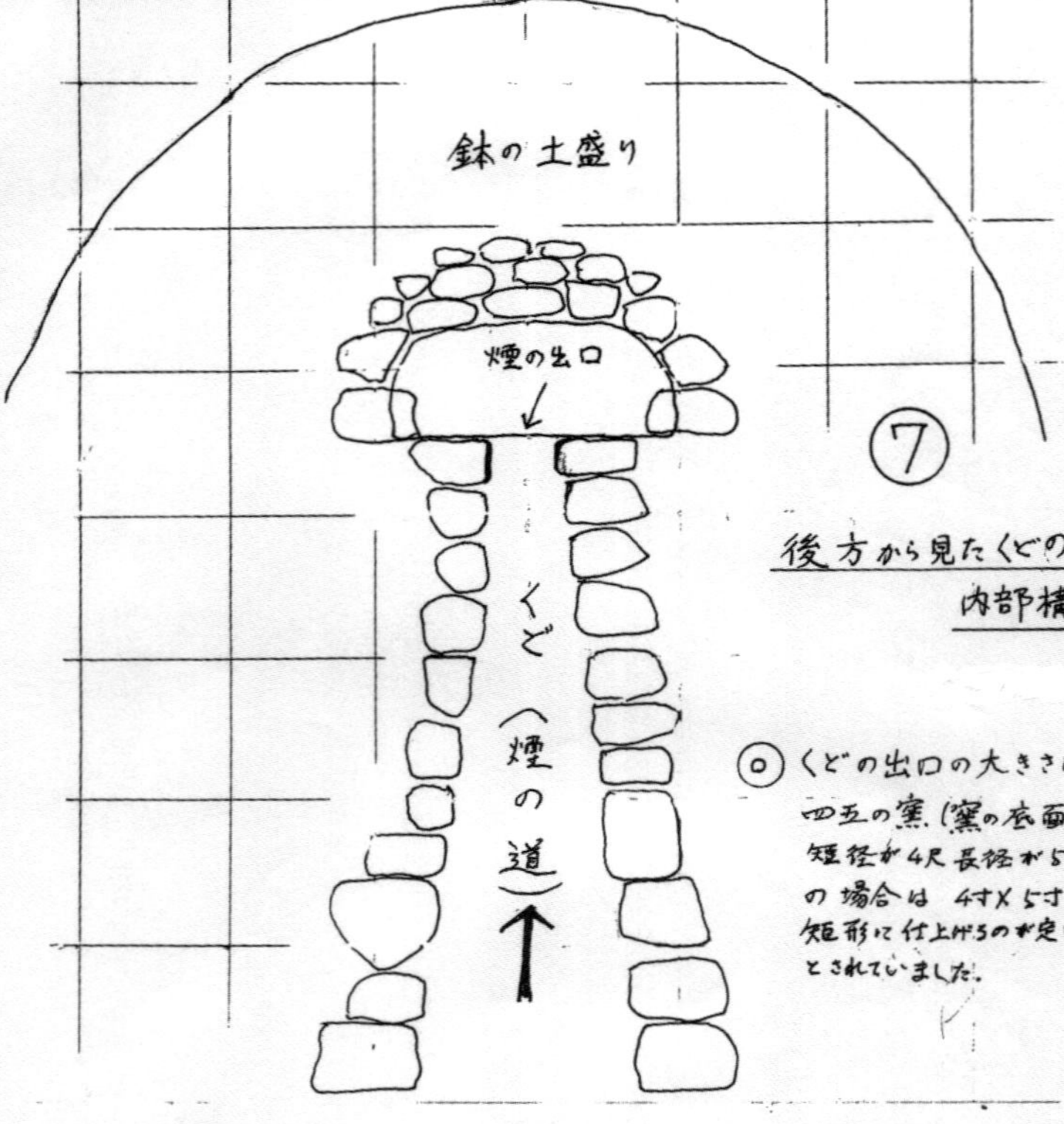

⑦ 後方から見たくどの内部構造

◎ くどの出口の大きさは四五の窯（窯の底面の短径が4尺長径が5尺）の場合は 4寸×5寸の矩形に仕上げるのが定法とされていました。

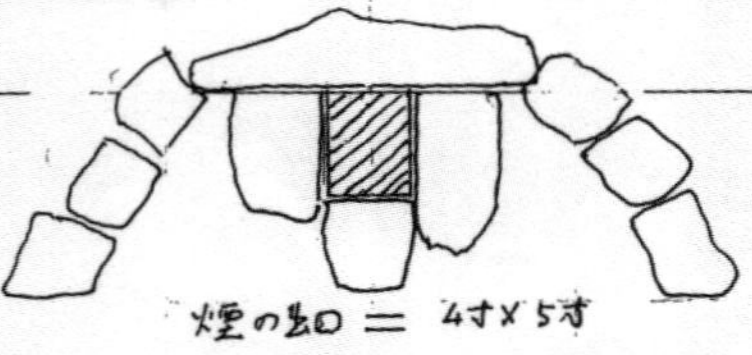

⑧ くどを真上から見た図面

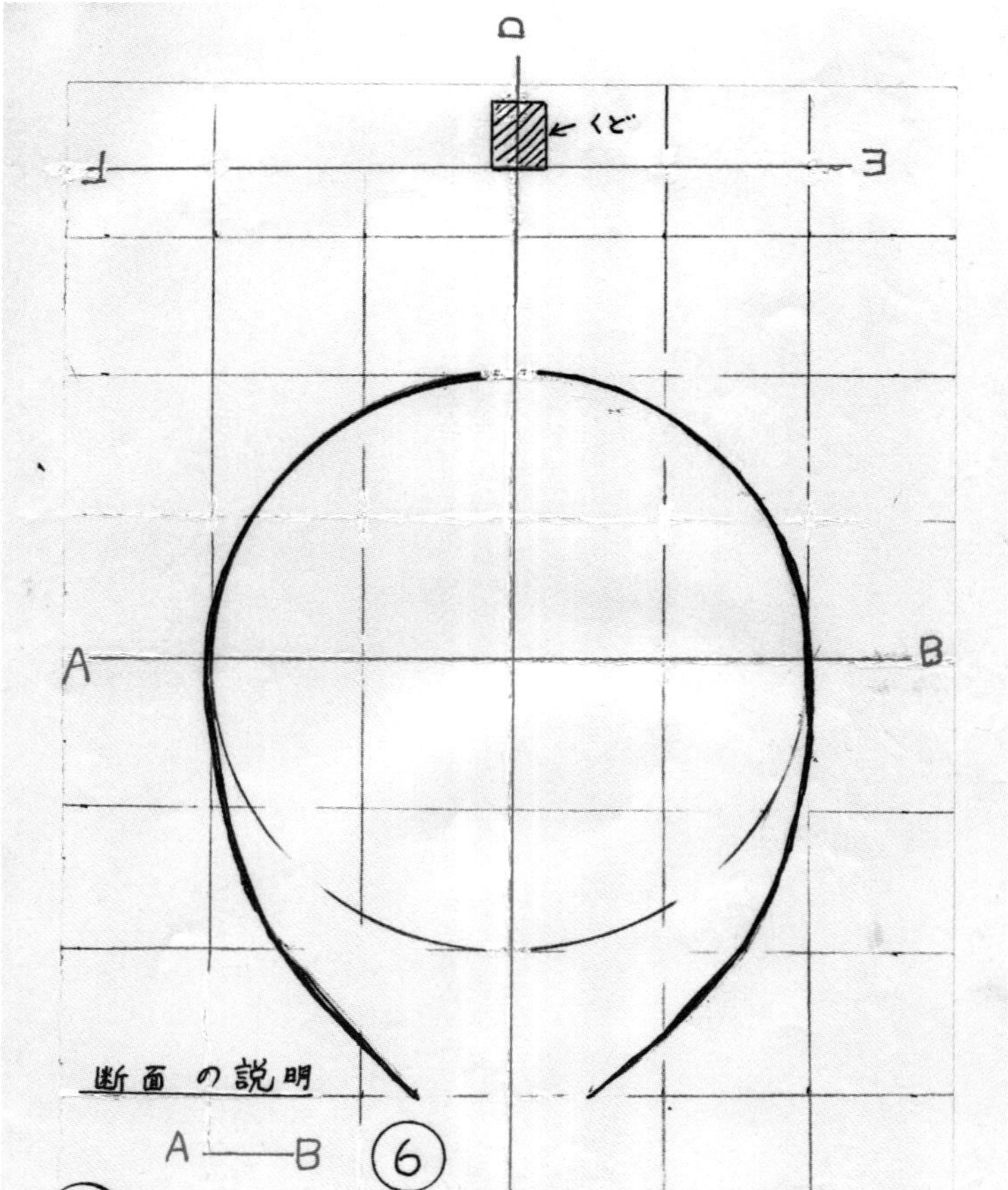
D
くど
F
E
A
B
断面の説明
A——B ⑥
⑨
C——D ⑤
E——F ⑦
C

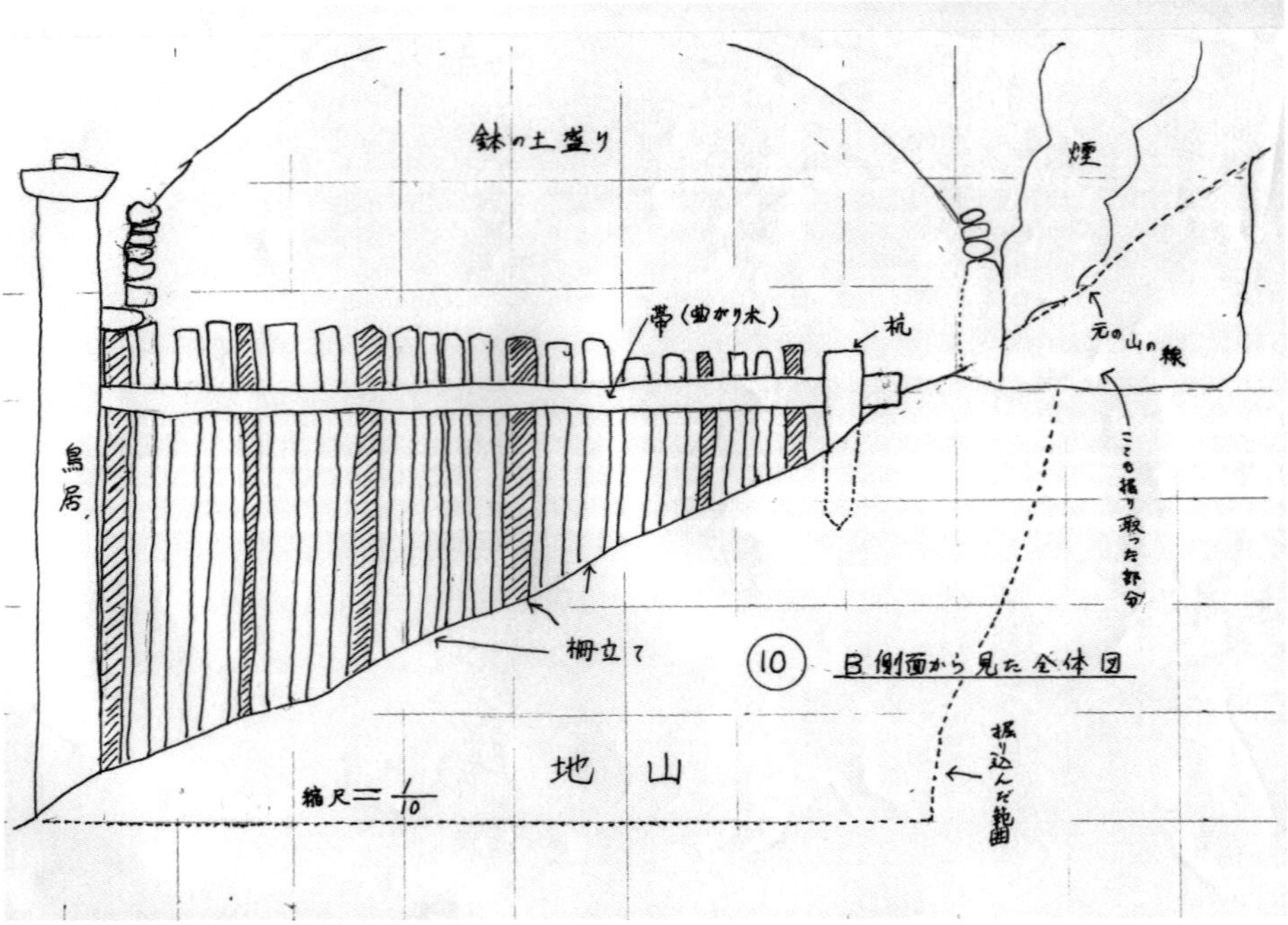
鉢の土盛り
煙
鳥居
帯（曲がり木）
杭
元の山の線
ここも掘り取った部分
柵立て
⑩ B側面から見た全体図
地山
縮尺＝1/10
掘り込んだ範囲

小屋掛け

私が高等小学校を卒業した昭和一八年（一九四三）当時は、塩根川《しょねが》で窯を巻くことができる人が五、六人はおりました。しかし、昭和三〇年になりますと、すべての成人男子が自分で炭窯を仕上げることができるようになったと記憶しています。不器用な私の父でさえ、私を助手に使ってなんとか「窯をま（巻）るける」（巻ける）ことができるようになっていました。私も成人後は、一人で二基か三基、巻いています。

令和三年（二〇二一）二月現在、塩根川で炭窯を巻くことができるのは、私と捷弥《かつや》さん、順一さんの三人だけになり、朴木沢《ほうきざわ》・新及位《のぞき》・旧及位の各部落、いずれも炭焼きの経験者は一人もいなくなってしまいました。歳月の流れを実感しています。

「窯やちと」が決まり、窯の枠組みが完成すると、小屋の建造をはじめます。炭焼き小屋の屋根は茅《かや》で葺《ふ》きますので、前年に刈った茅を自宅から運びます。その年の茅は水分が抜けていないので重く、背負《しょ》って運ぶのは困難だからです。

初めて山に行く日は、昼飯「はけご」（籠）のほかに、唐鍬《とうぐわ》・鶴嘴《つるはし》・鎌・鋸《のこぎり》などを背負い、腰には鉈《なた》を吊《つ》るします。そのうえ、茅と縄なども毎日運ばなくてはいけないので、重労働です。

茅以外の材料、柱・桁《けた》・棟《むね》・梁《はり》・屋根材などの木材は、どのように調達していたのかということについては、記憶が曖昧でしたので、順一さんに確認しました。その結果、営林署の担当区には断り不要で、国有林のどこから伐ってもよかった、代金も無料だった、ということがわかりました。

「炭焼き小屋」は、「炭灰《すべえ》小屋」「鉢《はち》小屋」「居《い》小屋」の三つの小屋を連結したもので、そのなかでいちばん大きい小屋を「炭灰小屋」といいます。「炭灰《すべえ》」というのは、炭の粉末と灰、それに土を少々混ぜたもので、石窯から出したての真っ赤に焼けた炭にかけて、急冷すると同時に酸素を遮断するのです。

その年の、炭の焼きはじめには「炭灰」はありませんので、山の土に焚火《たきび》の灰を入れてつくりますが、一〇窯も炭を出すと炭の粉のほうが多くなって、黒々とした本物の「炭灰」ができあがります。そして、木炭自体も良質の白炭《はくたん》になります。

「炭灰小屋」は、「組み股」と呼ぶ二本の柱を使用した掘立式ですが、どういうわけか大小問わず誰が建てても同じ構造になっていました。

窯の正面からは、「窯木」（製炭用材）を入れたり炭を出したりするので、真ん中に柱を立てることができません。そこで、柱の二股の部分を上に、窯の前面左右から斜めに立てて上部を組み合わせます。柱の重心は前後左右に動かないように、窯本体の「鳥居」にもたせかけるように固定させます。この上に棟木《むなぎ》の片方を乗せ、もう一方の太いほうは大立《おだち》柱《ぱしら》（いちばん大きくて長い柱）の上に乗せるので、単純構造ながら倒壊リスクが少ない優れものといえます。

この「炭灰小屋」には入口、「木張り場」「炭灰置き場」「居小屋」の入口、それぞれ一か所ずつを必ず設置しなくてはなりません。また、沢の近くに設置した小屋には、水小屋を付けることもあり、棚を取り付けたりもします。

次に、「鉢小屋」をつくります。これは、鉢すなわち窯を守るために全体を覆う小屋のことで、とくに冬窯では、山から吹き下ろす風によって「くど」（窯の煙突）の煙通りの阻害を防ぐ目的があります。この「鉢小屋」は、温かい煙のおかげで積雪しませんから、細い材料で比較的短時間でつくることができます。

思い出しますと、昭和二五、六年ごろの旧暦一〇月一六日に、私ひとりで材料を集め、一日で屋根まで完成させたことがありました。この日は、田の神さまが山にお帰りになるので、朝、自宅の床の間に一升餅を供え、私もそのお相伴にあずかりましたから、昼になっても腹が減らず、休まず仕事をすることができたのです。

三番目は、宿泊することができる「居小屋」です。「居小屋」は、曲がり木をたくさん使い、屋根は絶対に雨漏りしないように藁《わら》の苫《とま》で葺《ふ》くという特殊な構造をしています。小屋のいちばん高いところは「炭灰小屋」の桁《けた》と同じで、柱はいちばん奥正面の棟柱一本だけです。全体的には外側が膨らんだ屋根の形をしていて、中には大きな囲炉裏《いろり》と奥に寝床をつくり、囲炉裏の左右には鍋や藁沓《わらぐつ》を置いたりするスペースも確保します。また、入口には、米俵を利用した暖簾《のれん》を掛けます。

「居小屋」は、その構造上、雪下ろしが不要です。窯の入口で口焚《くちだ》きしたときの燠《おき》を囲炉裏に運ぶと、小屋の屋根がカリカリと音をたてるくらい暖かく、居心地よくなります。

こうしてやっと炭焼きの準備が整い、早ければ三日後には最初の白炭が焼き上がることでしょう。

以上のように小屋掛けの話を進めますと、「炭灰小屋」「鉢小屋」「居小屋」を同時進行で建築したように思われるかもしれませんが、このささやかな工事でさえも変えることができない前後関係と、それに伴う順序があるのです。簡単に申しますと、

① 山の土を掘って柱石の位置を決める
② 「鳥居」を立てて枠組みする
③ 「炭灰小屋」を完成させる
④ 「鉢小屋」「居小屋」を建てる

ということになります。このような順序で作業を進める理由は、「炭灰小屋」を固定するため、小屋全体の重量を炭窯に依存して建造する必要があるからです。

その方法は、「炭灰小屋」の柱の根本を可能な限り浅くし、なおかつ倒れないようにするために全体を少し傾斜させて、小屋の重量の一部を炭窯にかけることです。

六八頁で述べたように、「炭窯」の半分は山自体であり、そのうえで「鳥居」「帯」「杭」「柵立て」、それに石と練土《ねりつち》で固めているので、たいへん強固に仕上がっています。ですから、それを活用することで、小屋掛けの労力と時間の省力化を図るのです。

「炭窯」を覆う「鉢小屋」は、棟持柱《むなもちばしら》の一本を「鳥居」の被せ蓋《かぶぶた》の上に乗せただけの形態にしています。これだけでは脆弱《ぜいじゃく》で不安定ですから、「炭灰小屋」の屋根に固定させます。そのため、「炭灰小屋」よりも「鉢小屋」を先に建てることができないのです。同じ理由で、「居小屋」も「炭灰小屋」より先に建てることはできません。なぜなら、「居小屋」の出入口の中央に棟木を支える柱を立てることができないためです。

このように考えますと、掘っ込み式の「炭窯」および小屋類の中心は、山自体と「鳥居」だといえます。参考に麁《あら》図面（八六・八七頁）を添付します。

炭焼小屋の鹿図面　（四・五の窯の冬仕用）

① 柱、梁、桁、棟

1. 組股を立てて上部を縛る。
2. 炭灰庭の後方に大立柱と２本の隅柱を立て隅柱に梁を乗せて縄で固定する。
3. 鳥居の両側に炭灰小屋の隅柱を立てる。
4. 炭灰庭の両側に腰股を１本ずつ立てる
5. 炭灰庭の両側に桁を乗せる。
6. 大立柱と組股の間に棟を乗せる。
7. 組股の前に梁を乗せて左右の桁と連結させる。
8. 左右の桁の下に適当に腰股を立てる。

炭灰小屋終り。次は鉢小屋

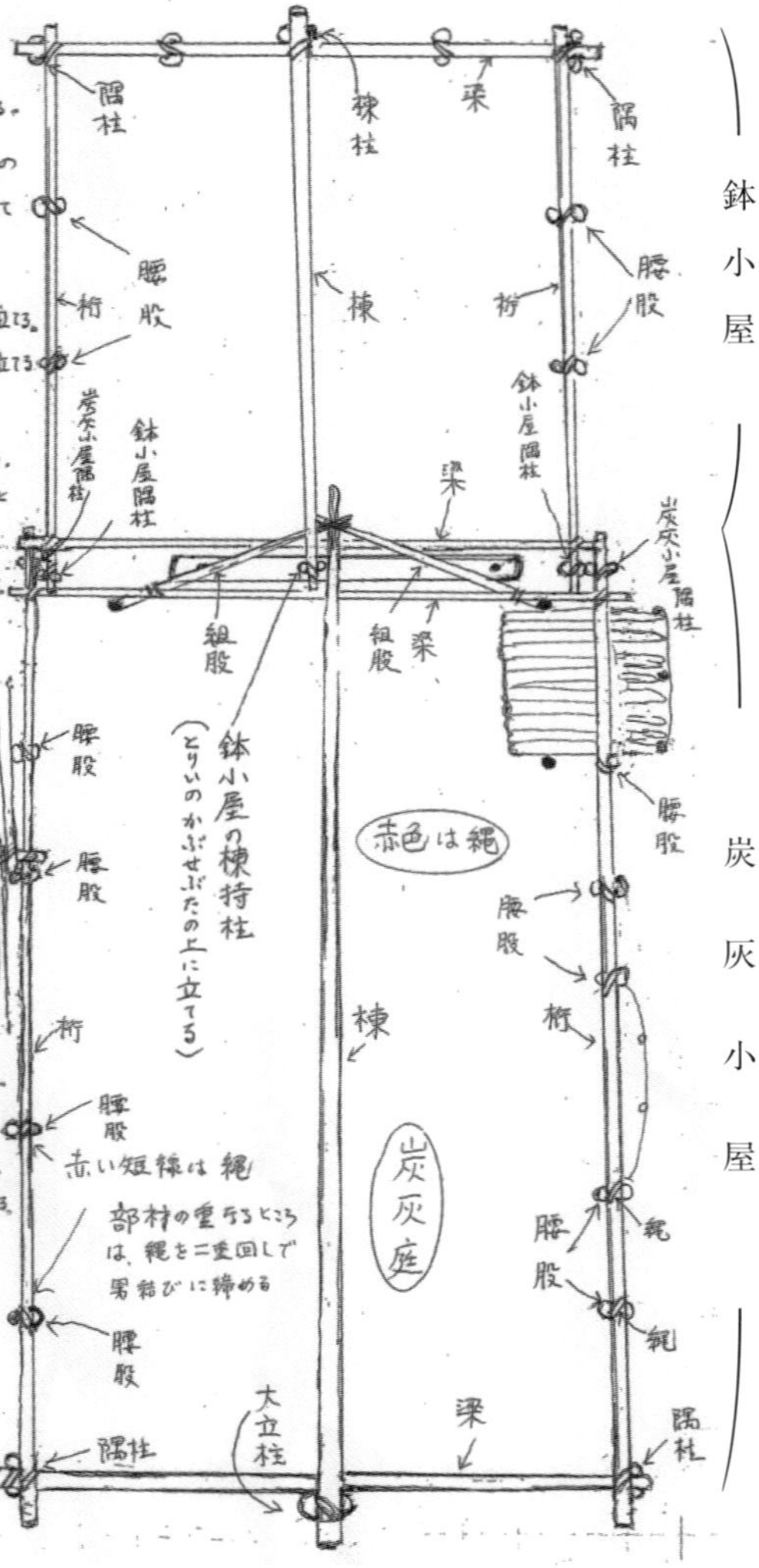

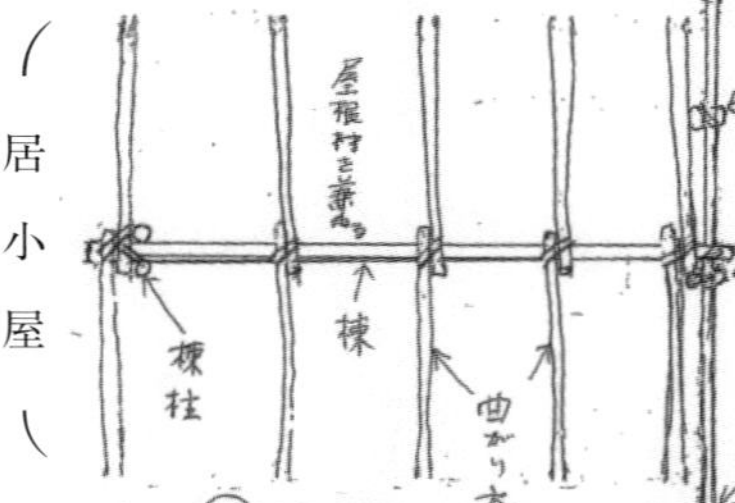

9. 鳥居のかぶせぶたの上に棟持柱を立てる。
10. くどの真後に棟柱を立て、左右に隅柱を立て梁を乗せて縄で固定する。
11. 鳥井の両側に隅柱を立て桁を乗せる
12. 両側の桁の下に腰股を立てる。
13. 鳥居の両側の隅柱の近くの桁の上に梁を乗せる。

最後に居小屋

14. 棟柱を立て、炭灰小屋の桁の上に棟を乗せ、棟木の上に、柱葉屋根材の曲がり木を乗せて縄で固定する。

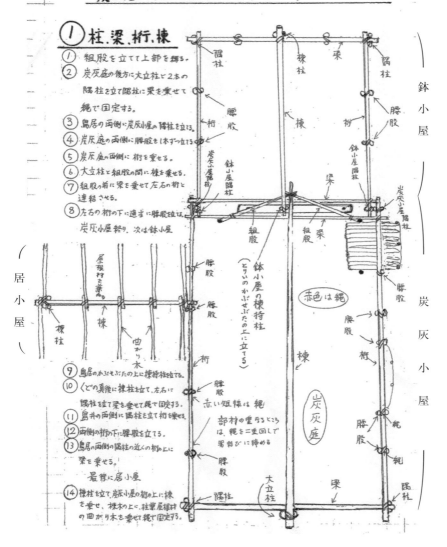

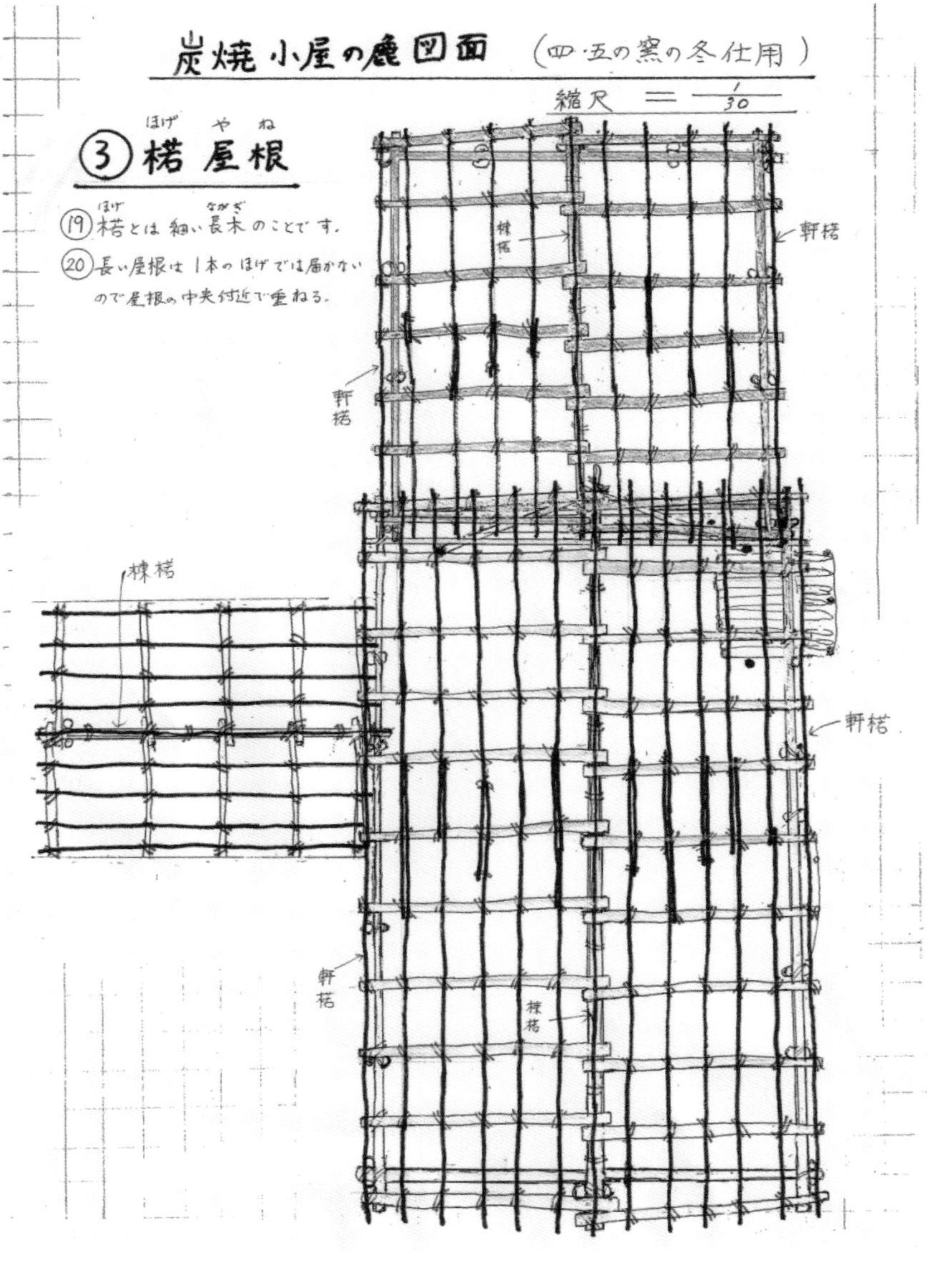
炭焼小屋の麁図面　（四・五の窯の冬仕用）
縮尺　＝　1/30
③楉《ほげ》屋根《やね》
⑲楉《ほげ》とは細い長木《ながぎ》のことです。
⑳長い屋根は1本のほげでは届かないので屋根の中央付近で重ねる。
棟楉
軒楉
軒楉
棟楉
軒楉
軒楉
棟楉

製炭

補助者のいない一人男《ひとりおとこ》が木を伐り、炭を焼いて、その炭を炭庫《たんこ》に納めるまでの作業を追ってみます。繰り返しになりますが、一二・一月では、午後五時になると暗くなるために外での仕事ができませんので、冬季間の炭焼きは山に泊まり込む必要が生じます。

山では、いちどに何日くらい宿泊することが可能なのか。私が父の製炭を手伝いはじめた小学校六年生のころ、昭和一五年（一九四〇）当時の記憶をたどってみますと、三泊が限界だったと結論づけられます。なぜなら、製炭を三泊四日の日程で行うとすると、持参する食料は、三日分の米、味噌・野菜や魚などの副食品と初日の弁当などで、けっこうな重量とボリュームになるからです。

米は一日一升程度、あらかじめ磨《と》いで水を切り、布袋に詰めて運びます。次に「だづ」（俵）と俵装《ひょうそう》用の縄が四日分、藁沓《わらぐつ》製作用の「打《ぶ》ぢ藁」一束（小把一〇把）、この藁沓は、つくりたてを背負《しょ》って家に帰り、翌朝山に戻るとき、それをはいて出かけます。古い沓は、硬雪になると新品以上の耐久性があるため、自宅の小屋の軒下に吊《つ》るしておき、三月になって薪伐りや堆肥運びのときに使用します。そして、余った藁は補充用の縄に綯《な》っておきます。「だづ」は木炭八貫匁（三〇キロ）用が四日分で、一〇から一二枚程度必要ですから、これだけの物資を一人で運ぶとなると、三泊が限界だということになるのです。

初日、起床直後または朝、炭焼き小屋に着くと、窯が「なんぼ時分だかや」ということで、最初に窯の点検を行います。

温度確認のために、まず「額石《ひでいし》」にさわり、「くど」の煙と臭いを確認します。辛いと大丈夫、昼までには「白煙《しらけぶ》」になるでしょう。

昨日の夕方帰宅前に、「窯をからむ」（「はなあな」と「くど」以外の空気の出入口を塞ぐとき、明日は夕方明るいうちに「だしたて」が終わればよいので、午前中は木を伐ることに専念できるように、時間を計算して窯の調節を遅らせておきました。予想どおり上手《うま》くいっています。

木を伐る作業の前に、小屋の入口と「木割り場」を除雪し、水汲み場への道も固めます。腰に目立てをした二枚の鋸《のこぎり》と鉈《なた》、手には「とんぱし」（鳶口《とびぐち》）を持って木伐りに向かいます。スコップと伐りまさかりは、山の木の根っこに立てかけてあります。

昼まで三時間ほど木を伐り、下山時には今伐り倒した木の細い枝を五、六本ズルズルと引っ張ってきます。この動作は、伐採した木を落とす「木まくりひら」の新雪を浅く、硬くして落ち着かせるためで、小枝はのちに口焚《くちだ》きの燃料に使い、さらに細い部分は俵の小口の詰め柴「折柴」に使うのです。小枝さえもムダにすることはありません。

窯は予想したとおり「白煙」になっていましたので、「くど」石を少し緩めて精錬を開

人to木《ひととき》
人と木をつなぐ仕事

炭焼き

原 正昭さん
（和歌山県みなべ町）

炭焼きは「木伐り３年、窯作り10年、炭焼き一生」といわれる職人技です。
窯の外で灰をかぶせて消火する「白炭」と、窯の口をふさぎ中で消火する「黒炭」に大きく分類されます。

紀州備長炭に代表される
高温で火持ちが良い「白炭」

火つきが良く火力が強い「黒炭」

「白炭」（はくたん:しろずみ）は、炭化が終わるころ、まだ燃えている炭を炭窯の外にかき出し、灰と土を混ぜた「消し粉」をかぶせ火を消す。 この粉が表面について白っぽく見えることから白炭と呼ばれる。出典：林野庁／作：平田美紗子

始します。その時間に戸石で背中を炙《あぶ》りながら弁当を食べ、窯から炭を取り出す時間を計算しながら午後の作業に入ります。

最初に、川から水を汲《く》んできて「炭灰《すべえ》」にかけます。「炭灰」の山の上に窪みをつくって一斗缶の水を湛《たた》えるのです。「炭灰」の水分が多すぎると炭が汚れて見栄《みば》えが悪くなって商品価値が下がり、反対に水分が少ないと「炭灰」が乾いて消火の役目を果たすことができないため、注意して作業を進めます。

そうこうしているあいだに、「くど」から立ち昇る煙の色も

紫色がかってきました。ここからは、「くど」と「はなあな」両方を調節していきます。

次に、午前中に伐った木を窯まで持ってくるために、「まくり」落とします（転がし落とす）。これだけで「木割り場」に届けることができるのは、「木寄へ（せ）」がいちばん楽な場合で、たいてい用材を横から下から押したり背負いあげて、その後、橇《そり》を使って運ばなければならなかったのです。

「木寄へ」が完了し、やっと窯のそばで「木割り」作業ができるようになりました。これには、「割りまさかり」と「鉄矢《かなや》」「玄能《げんのう》」などの道具を使用します。「木割り」の最中にも「戸石」の覗《のぞ》き穴から窯の中の様子を見ながら、「くど」と「はなあな」の大きさを少しずつ広げ、「あらしをくれて」（空気を入れて）いくのです。

「炭灰」をスコップでかき混ぜ、水分が均等にいきわたるように調節する作業も忘れてはいけません、良質の白炭をつくるため、つねに細心の注意を払いながら作業を進める必要があるのです。

炭出し

いよいよ窯から炭を出します。これには、「えぶり」（えんぶり）という鉄製の道具を使用して、柱石の近くまで炭を引き出して「口あらしをくわせる」（空気に晒《さら》して精錬（あらし〉する）のです。これは、窯の中に立てた状態で焼いた木炭は、下のほうが半焼けの場合が多いので、すべてを均一にするための作業です。そうして、真っ赤に焼けた炭の、ピンピンという音がしなくなったら、柱石の外側に引き出します。

ここからは、「前《めえ》ざれ」（前ざらい）という木製の道具を使い、一気に「炭灰庭《すべえにわ》」の中ほどまで炭を引き寄せて、「炭灰《すべえ》」をかけて消火します。こうして、「一《ひと》出し」終えるのですが、通常、一窯で「五《いづ》出し」か「六《むう》出し」しますので、すべて出し終えるまでに一時間くらいかかります。

このとき、「曲げ柴」をつくりながら作業を進めます。「曲げ柴」は、炭を俵装《ひょうそう》するとき、俵の両小口の柴を押さえると同時に、俵の小口を守るためのもので、製炭用語では「輪《わ》柴《しば》」と呼ばれております。「曲げ柴」用の小柴は、降雪前の秋のうちに切って揃《そろ》えておきました。

ここで休憩などしてはおられず、すぐ窯の中に次の木を立てなければなりませんが、灼《しゃく》熱《ねつ》の窯の中に木を立てるのは、たいへん危険な重労働なのです。このとき、「まっか」または「たてまっか」と呼ぶ鉄製の股に木の柄を取り付けた道具で、窯の奥のほうから順に用木を立てます。手前側のほうには「投げ立て」という方法、身体の弾力で投入するやり方で立てます。焼けた炭を窯から出し、次の木を立てる、このふたつの作業を合わせて「だしたて」といっています。

木を立て終わるとすぐに、口焚《くちだ》きを行います。焚き付けにする木は、窯の手前の棚で乾燥させてありますから、先ほど山から引いてきた細い枝「べぇだ」（「ばいた」）を燃やして口焚きしながら、窯から出したばかりの炭を「炭灰」の中から取り出す作業「炭灰切《すべき》り」を行います。ときどき完全に消火されていない木炭がありますので、水をかけることもあります。

「炭焼き」昭和 47 年　© 新庄市

そうして、「炭灰」は「炭灰置き場」へ、木炭は「炭灰小屋」の後ろ側に広げて冷やします。この作業には、「小間ざらい《こめざれ》」と「炭灰《すべ》され」という二種類の道具を使用します。「だしたて」で大汗をかいたうえに「灰かぐら」（熱気と「炭灰」）を浴びて、顔も作業着も真っ黒に汚れてしまいますが、ここでやっとひと息つくことができました。でも、もう日が暮れていますので、外での作業はできません。

「口焚き」が終わるまで、「炭灰小屋」の中で俵の準備をします。まず「かがり縄」を通し、次に「ヘソ縄」

を通します。「かがり縄」は八貫匁（三〇キロ）俵では八《やあ》かがり、四貫匁俵では六《むう》かがりになります。午前中に山から引いてきた枝のいちばん細い部分を使って、俵のいちばん底に「輪柴」（曲げ柴）を入れ、ついで折柴《おりしば》を入れるのです。枝は手で折って使いますので、ひびやあかぎれだらけの手から血が流れることもしばしばです。

「輪柴」は、ブナの小枝を使うときれいに仕上がるのですが、手が痛くなります。マメボシという木は最良ですが雪の下になってしまいますから、カツラが最適ということになります。ただ、「山分け」の籤引《くじび》きで当たった木のなかにカツラがあるとは限らず、結局、いちばん多いブナを使うということが多くなるのです。

そうこうしているうちに煙の黄色味が濃さを増し、辛味も感じるようになると、そろそろ窯も「焼《やっ》ついて」きたころなので、「窯をからむ」準備作業に入ります。

まず、土を練ります。そのため、前日「からんで」硬くなった土を唐鍬《からすき》で砕き、その上に少量の新しい土を入れて水で煉っておきます。それから、口焚きの「たきひり」（火がついている燃え残りの焚き木）を取り除いて、スコップで熾《おき》を「居小屋」の囲炉裏《いろり》に運ぶのですが、もしも途中でこしてしまうと、「炭灰庭」に広げてある焼き上がった炭に混ざってしまう危険があります。それで、この作業を楽に行うために、最初から窯の口の近くに「居小屋」を建てるよう計画するのですが、地形上それができないこともあり、そのとき

冬季ある日の製炭——１日の作業工程

前日		窯に木を立てておく
6時		窯に木を立てておく 炊事・朝食
7時		雪払い
8時		木伐り
9時	精錬	「くど」を緩める・「はなあな」を大きくする 木寄せ
10時	精錬	炭灰の手入れ 木割り
11時		木積み 焚き木集め
12時	くど・戸石全開	昼食
13時	口焚き	輪柴・炭の窯出し 木を窯に立てる
14時		炭灰切り 翌日分の木割り
15時		柴集め 俵の下ごしらえ
16時		口をからむ・俵に炭を詰める
17時		炊事・食事
18時		藁沓をつくる ほかの作業（鋸目立て・窯の手入れ・炭灰小屋雪下ろし）をする

には冬じゅう苦労しなければならないのです。

また、「窯をからむ」ときは、いつごろ「だしたて」作業を行うか時間を計算して、「くど」や「はなあな」の大きさを決めておかなければいけません。

そうこうするうちに、「口焚き」が終わって暗くなりますから、小さなランプを頼りに小鍋で飯を炊き、味噌汁をつくって魚を焼くなどのいちばんややこしい作業をこなして食事をします。

さて、そのころには「炭《す》

灰切《べき》り」を終えた炭が、常温に冷めているでしょう。火の気のないところで、俵に炭を詰めていきます。下ごしらえしておいた俵に炭を入れて計量し、柴を折って「輪柴」で押さえ、「かがり縄」を通して「ヘソ縄」で締めます。俵を横に倒して結い、縄で三か所、二重回しで絞めて俵装が終了しました。最後に、「小炭通し」で、「炭灰」と商品にならない自家用の「小炭」を選り分けて、本日の仕事は終わりです。

しかし、今日は帰宅することができませんでしたから、「炭庫《たんこ》」に炭を入れることができておりません。それで、明朝は暗いうちから飯を炊いて食事をすませ、夜明けとともに炭背負《すみしょ》いして「炭庫」まで運ばなければなりません。

これが、家を出て山に入って炭を焼き、山に泊まって翌朝炭を背負って「炭庫」まで往復する、まる一日の仕事のすべてです。が、ひと窯の炭俵はひと背負いでは運ぶことができないので、一人男《ひとりおとこ》には問題があるということになるのです。

炭検査と「炭庫」

「炭庫《たんこ》」とは、焼き上がった炭を、検査を受けて馬車や馬橇《ばそり》で鉄道駅に運ぶあいだ、製炭組合の成員全員が共働で保管する倉庫のことで、商品として市場に出す前の検査場としての機能も備えております。

「炭庫」に当年の炭が運び込まれる初冬から、炭検査は定期的に行われました。そのとき、組合員には組合長から、「○月○日に検査があるから、俵数と名前をわかるようにしておけ」という案内が伝えられました。

当時の検査員は、大滝村在住のゆたかさんという人でした。彼は山形県の職員で、新庄事務所農林課に勤務していたと記憶しています。検査は、自宅から徒歩で塩根川《しよねが》まで出張して行っていました。国鉄の奥羽本線には「大滝駅」がありましたが、その当時は信号所でしたので、列車が止まっても客の乗降はできませんでした。ですから、ゆたかさんは、中《なか》の股《また》の山の馬橇道の終点まで約一一キロの道を徒歩で往復しなければなりませんでした。それで「炭庫」に着くと、すぐに帰りの心配をしなければならなかったのです。

木炭の検査は、炭の質を確認したあと、俵の「ヘソ縄」に細い針金で検査札をつけ、その針金と「ヘソ縄」を巻き札で巻いて糊《のり》付けし、合わせ目に検査員の判を押すという、細かくて手間のかかる作業でした。

炭俵は、常時一〇〇〇俵以上積まれていたと思います。ですから、生産者が立ち会って二人で炭検査を行ったとしても、俵の数が多すぎて、実際には規定どおりすべての検査をすることはできなかったのです。そういう理由で、炭検査は、一人分について何俵かの炭を確認しただけで終了したのでした。通常、検査時に、われわれ生産者がゆたかさんと顔を合わせることはなく、結果は後日組合長から伝えられました。

当時、「炭庫」を当たり前のように何気なく使っていましたが、今思いますと、私が現役の「炭焼き」時代のその小屋は、単純な建物ではなく、さまざまな気配りのもとに建築されていたことに気づかされます。

「塩根川製炭組合」でいちばん長く「炭庫」用地として使った場所は、「黒森落合」または「岩家沢口《いわえざぐち》」と呼んだ、当時の塩根川林道の終点にありました。ここの「炭庫」の二代目か三代目の新築作業には、わが家の代表として私が参加しましたので、当時のことを思い出してみます。

組合員が集合すると、誰が号令をかけるでもなく、それぞれ仕事をはじめます。柱の穴を掘る人、柱になる木を伐る人、その木を運ぶ人、梁《はり》・棟・桁《けた》・内掛けなどの木々や楉《しもと》(細長い若枝)まで、まるで蟻《あり》がエサを運ぶかのように、かめ蜂(スズメ蜂)が巣をつくるかのように、現場を動き回るのです。これは、全員の頭の中に完成した建物の姿がすっかりできあがっていて、今自分はどの部分の作業をやっているのか、次は何をすればよいのか、ということがそれぞれに認識されていなければできないことなのでした。

すべての材料が揃《そろ》うと、柱を立て、梁を渡し、桁を乗せて棟を上げ、内掛けを縄で縛ります。やがて屋根に上がる人と、下から楉や茅《かや》を差し出す人などがおり、まるで生まれたときからそれぞれの役割が決められていたかのように、効率よく働くのです。

私は今、こんな蜜蜂の群れのように人間がまとまるという不思議な体験をしたのだということに思い至って、感動しているところです。

当地には、昔から「一人前《ひとりまえ》」といわれる言葉があります。それは、家のなかでは一人前の仕事をすることができない未成年や老人でも、その場に出れば「一人前」として認められることをいいます。具体的には「ふしんてんでだみわがじぇ」といって、「ふしん」は家の新・改築の際の解体・土ン搗《つ》き・建前など一連の作業を指し、「だみわがじぇ」（葬式若勢《わかぜ》）は葬式の作業要員を指します。

「炭庫」の建築には、本当に一人前の仕事ができる人だけが参加しますので、意味はまったく異なるのですが、若くて未熟だった私も先輩の仲間に入れてもらって見様見真似で作業に参加しました。その意味では、経験者・未経験者、どちらも大きな差がなかったのだと今は総括しています。

当時は何も考えずに忙しく過ごした炭焼きの日々でしたから、今「炭庫」の大きさを思い出そうとしてもなかなか思い出すことができないのですが、試みに三〇人の生産者を想定し、塩根川製炭組合の「炭庫」の図面を書いてみようと思い立ちました。ですが、炭俵のサイズを忘れてしまったのです。昔はどこの家にも「だづあみ台」（だづ＝俵）がありましたが、今ではどこにもそんなものはありません。

また後年、炭俵は八貫匁から四貫匁に切り替わったのですが、そのサイズの記録もありません。そのうえ、炭俵から袋に切り替わってから何十年にもなりますので、今や現物も、ほとんどの記憶も失われてしまいました。ただ、次の事柄はよく覚えています。

①「ヘソ縄」を同じ方向に向けて炭俵を積み重ねること。
②隣の人の列とは「ヘソ縄」の面を向き合うように配置し、(炭検査のために)二尺(約六〇・六センチ)程度のあいだを空けること。
③建物の道路側は、炭俵を背負《しょ》った人が歩くことができる程度の幅を確保すること。
④「炭庫」に炭俵を入れる際の禁止事項は、その日に窯から出した木炭、「日窯」の炭を入れないこと。これは、完全に消火できていないかもしれない炭からの発火を危惧しての措置でした。

おかしな話ですが、自分で「炭庫」の図面を書いてみて、初めて中央の柱は八貫匁炭俵四列ごとに一本立てる、これしかないということがわかりました。

ここで、図面を描くうえで前提にした生産者を四の倍数でもう二人、多く想定すべき

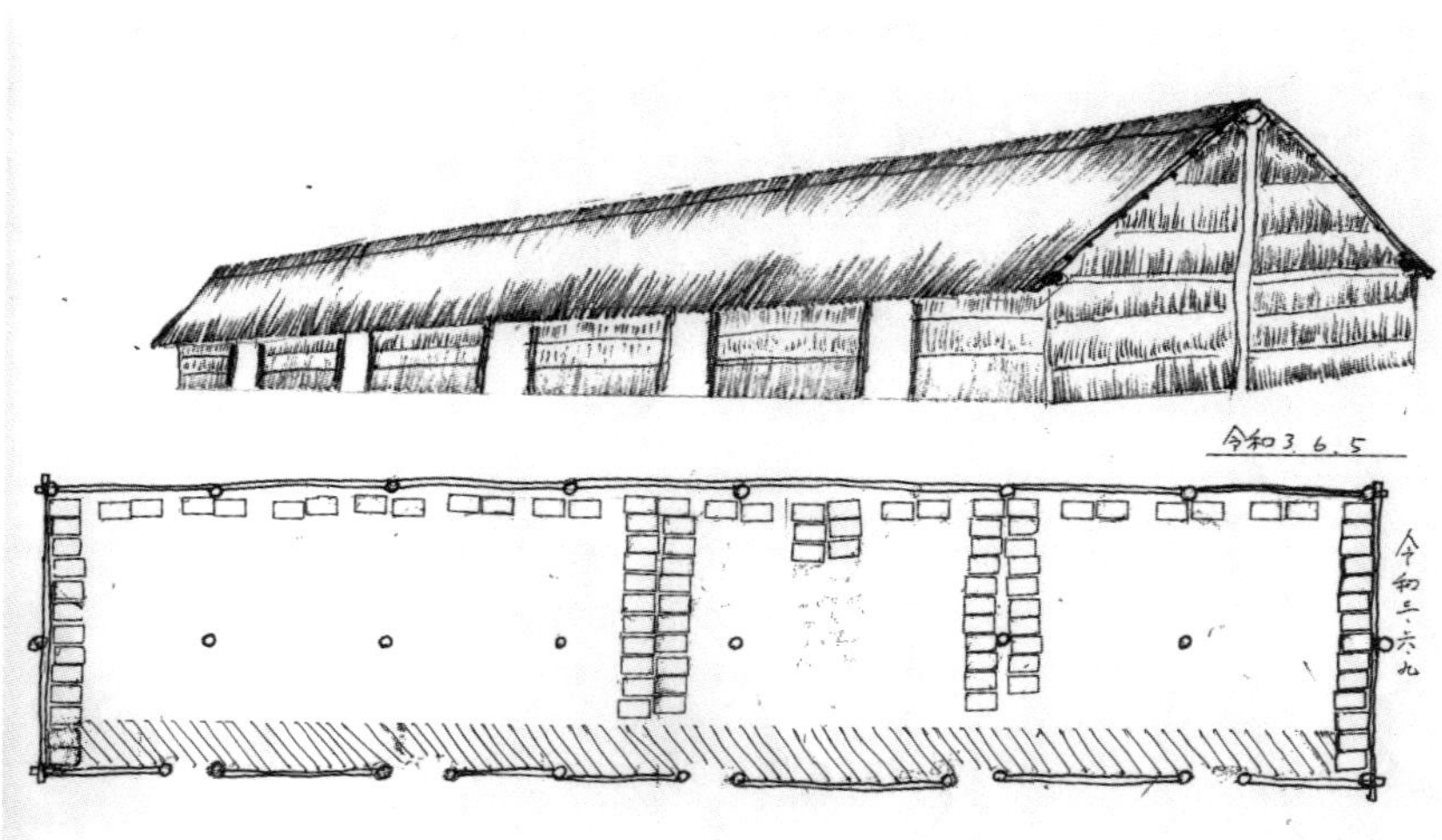

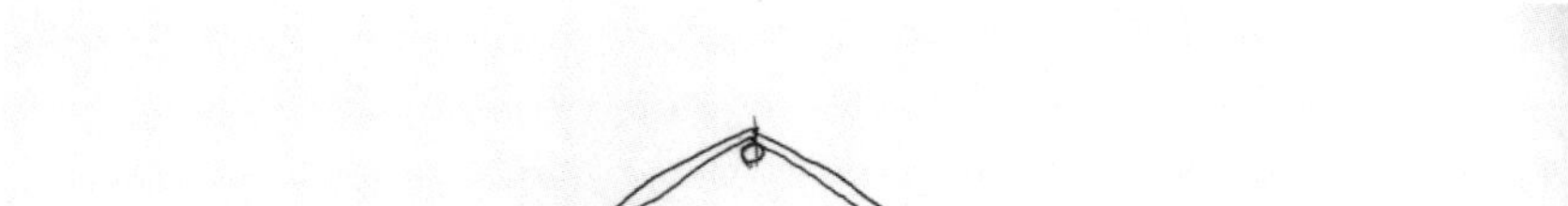

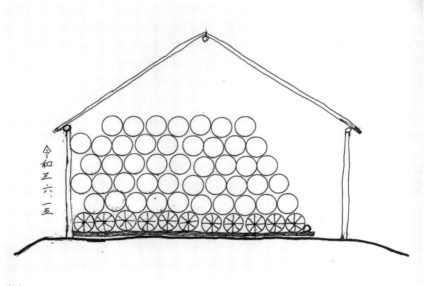

炭庫

だったことに思い至りました。といいますのは、炭俵のサイズは不明ながら、棟の長さは十数尺だったことを覚えているからです。それで、図面には六列に一本の間延びをつくって妥協することにしたという訳です。

次に、炭検査の回数について思い出してみます。木炭は、毎日一人当たり、「四・五の窯」で二俵半、「五・五の窯」では三俵以上、「五・六の窯」では四俵以上、生産されます。これが「炭庫」に毎日積まれるのです。三〇人以上の生産者が全員稼働した場合の炭は一日九〇俵以上になり、半月で一五〇〇俵近くになります。一人分の置き場所の広さは五〇俵ですから、三〇人では一五〇〇俵しか置けません。ですから、炭検査は、少なくとも半月に一度は必要だったことになります。

さらに、検査済みの炭がその日のうちに運び出されることはありませんでしたので、倉庫が満杯状態で検査が入った場合、新たに生産した炭はどんな置き方をしたのでしょうか。不思議なことに、これがまったく思い出せないのです。

炭俵を馬橇《ばそり》で運び出す人は、一人で来ることもあれば五、六人のこともありましたが、すべてを運び出すのには何日も要したと思います。ただ、生産者が、「炭庫」内の自分の列に名前と俵数を書いた紙切れを挟んでおくだけで、間違いなく「及位駅《のぞき》」の日通倉庫に届けられていたことは間違いありません。

当時、炭焼きにも運搬人にも、なんとか自分の名前だけは書くことができる人がおりました。この条件下で何十年ものあいだ、一俵の取り違いも紛失もありませんでしたから、われわれ塩根川に住む者たちの正直な人間性を誇りに思ってもよいのではないでしょうか。当時の、ムラのケーヤク（契約）は信頼に基づく不文律でしたが、それでも皆従った、その見えない力が、日常生活のさまざまな局面で発揮されたのだと思います。自然環境に恵まれないため、米の収穫は鮭川《さけがわ》村など里方《さとほう》の半分ぐらいしかなく、どこの家も子だくさんのために現金収入が必要でした。皆が貧しかったころの話です。

及位の炭焼きは、他所から入ってきた技術を短時間のうちに会得し、村の産業として定着させました。これには営林署を通じての行政支援の役割が大きかったものと思います。

しかし今回、自分で図面を書いてみたことで、塩根川特有の緻密で大型の「炭庫」を建造し、それを運用したことは、当地にとってはたいへん重要な事業だったと思えるのです。「炭庫」とは別に「炭倉庫《すみそうこ》」と呼んだ建物もありました。この建物は私のうち「中小屋」とは切っても切れない歴史を有した建物でした。

私が及位小学校の一年生、昭和一〇年（一九三五）ごろだったと思います。そのとき新及位の落合滝入口付近で、大勢の大工さんが角材づくりをしていました。「見ていて当たるは大工のこっぱ、鍛冶屋の火花」などと上級生たちが歌い、「営林署の炭倉庫が建つんだよ」などと話していました。私はこのとき、造材から屋根葺《ぶ》きまでの一連の作業を毎日見ていたはずですのに、記憶に残っているのは、丸太を加工する初期の作業だけなのです。

私がこの「炭倉庫」に入ったのは二回だけです。一回目は高等小学校二年生当時の昭和一七年、二回目は昭和三六年の夏のことです。

昭和一七年ごろの冬場、小学校では大量の木炭を使ったため、それを営林署の「炭倉庫」から運ぶのが最上級生男子の役割でした。正味八貫匁の炭俵ですから、俵の重さを入れると三三キロ以上はあったと思われます。はっきりと覚えていないのですが、三〇キロに満たない小柄な私には難儀な作業だったと思います。

次に「炭倉庫」に入った昭和三六年、農林省では塩根川全域の官民有地境界《けいかい》の確認測量を行っており、三〇歳を過ぎていた私も地元の人夫としてこの作業に従事しました。驚いたことに、「炭倉庫」には屋根を支える柱さえありませんでした。明治以降、官民有地境界測量は何度となく行われていましたから、主要な観測点には石の杭が立っています。このときの作業は、新しい測点にこの石を打ち込むことでした。

夏場の「炭倉庫」に炭はなく、ただ柱状の石が積んであるだけでした。石の片面には「山」という文字が、天辺には「十」と記されており、これが測点です。われわれ人夫の仕事は「山」の反対の面に測点番号を刻むことで、ハンマーと五寸釘を使ってカチンカチンと彫った記憶があります。じつに原始的なやり方でした。

今思い出しますと、「炭倉庫」の大きさは小学校の体育館より少し小さいくらいでしたから、相当大きな建物だったことは間違いありません。この使用目的は何だったのか、農林省にも聞いてみましたが、不明との回答でした。

繰り返しになりますが、「炭倉庫」が建造されたのは、昭和一〇年です。ですから用材のスギを伐採したのは昭和九年。しかも、このスギは私の家「中小屋」で植林し育てた木だったのです。この話は、私が小学校高学年になったとき、父（廣）から聞かされたのでした。角材を一丁取りしていた、という私の記憶を基に考えますと、伐採当時の樹齢は三五年から四五年程度の若木であり、植林は明治二〇年代だったことになります。

私の祖母（トリヨ）の話では、このころ祖父である松四郎（慶応二年〈一八六六〉生）は仙台青葉連隊を除隊したばかりの若者で、曾祖父の與太郎（文政一二年〈一八二九〉生、明治三九年〈一九〇六〉没）も存命でしたので、金打沢《かねすぢざ》の二か所と合わせて三か所のスギ林を造成したそうです。おそらく国有地に無断植林したのだと思います。

そのころ、水田も三町歩《ちょうぶ》（約三万平方メートル）ほど所有していましたから、わが家にとっての植林は、たいへんなエネルギーを注いだ事業だったことと思います。それ以降、必要な事務手続きを行わずに放置していたものですから、気づいたときにはすっかり国有林に編入されていたのでした（及位の国有林については、『近代天皇制国家の青年団』に詳述されております）。

さて、このスギ林から私の家までは約二〇〇メートル、「炭倉庫」建築現場までは約五〇〇メートルの距離でしたから、伐採した用材は、残雪が落ち着いた三月ごろ、馬橇ではなく手橇で直接届けたものと思われます。

昔はスギの皮を屋根材に利用しましたから、伐採は六月から九月初旬までの皮が浮いた時期に、と決まっておりました。倒した木は、上部の枝だけを残してあとは払い、皮を剝いで丸太のまま積んで天日に晒《さら》して冬を越すのです。これは「のす」といって、木の内部までよく乾燥させるための措置です。

のしたスギ材の重量は、生丸太の半分以下に感じられたものです。地元の住民は、これら一連の作業を無償で行い、代わりにスギ皮をもらうことがありました。

炭背負い

石窯で炭を焼く人びとは、「日窯《ひがま》操作」を行います。すなわち、毎日、窯から真っ赤に精錬した炭を引き出し、時をおかずに新しい木を立てて明日の生産に備えるのです。

もっとも寸法が小さい「四・五の窯」を休ませることなく回すことができるのが、一人

「炭焼き」昭和 47 年　© 新庄市

前の仕事士とされていました。「回す」というのは、思いどおりの時刻に炭を取り出すことができるよう通気を調節して窯を運転することで、「窯回し」ともいっておりました。窯から出した炭は冷却し、「炭灰《すべえ》」と選り分け、俵に詰めて一段落、というところでした。炭俵は「炭庫《たんこ》」に運ばなければいけません。じつは、これが案外余計な作業だと感じられたのです。山菜であれば、採って運んでくればすぐに収入になりますから、遠くからであっても重ければ重いほど運ぶ喜びを感じたものです。私は、秋田県「やごめ沢」の奥から半日かけて自宅まで山菜を運んだこともありました。

反対に、炭俵の場合、片道わずか三〇分の道程でしたが、これが大きな時間の無駄に感じられたものでした。

一人男《ひとりおとこ》が三泊四日の上り山を行った場合、四日間で八貫匁（三〇キロ）の俵を一〇俵生産しますから、俵は、五回は背負《しょ》い下ろさなければなりません。

第一日目は自宅から物資を背負っての出勤ですか

ら、窯に着くのは八時近くになり、炭背負《すみしょ》いの時間をとることはできないのです。ですから、二日目と三日目は、朝一番に「炭庫」をめざして炭を背負い下らなければなりません。帰宅日の四日目には、帰宅時以外に二回かならず、貴重な時間を割いて「炭庫」まで二往復しなければならないので、補助のいない一人男の家では苦労したと思います。

八貫匁の炭俵を一回に運ぶ量は、女性は一俵、男性は二俵とほぼ決まっていました。四貫匁俵の時代になって、女性は一俵から二俵、男性は三俵が普通になり、四俵背負うこともありました。いずれの場合でも二俵以上を背負う場合には、荷縄のほかに補助縄を使用します。私のように小柄な人間が自分の体重よりも重い炭俵を身体に縛り付け、山の「あごつり道」を駆け下るときに転ばなかったのには、次のような訳がありました。

「あごつり道」は杭の頭を渡るような歩き方をします。もしも、炭俵を背負ったまま杭の頭から右足を右側に踏み外した場合、身体はたちまち右前方につんのめり、背中の荷物に押さえられて、雪の中に顔を突っ込んでしまうという無様な姿になりそうですが、決してそんなことにはなりませんでした。

身体能力というのはすごいもので、そんなときには瞬時に左足を外側に外して姿勢を低くし、足は杭の列をまたいで前の杭に両手をついて止まります。反対に右足を左側に踏み外してしまった場合には、左足を右側に外して両足を交差させて止まります。私のように

「木炭を運ぶ小学生」© 新庄市

不器用な人間にでさえこんなアクシデントには瞬時に対処することができたのです。

私たち山どこの住民は、日常生活のなかで何千何万回と無意識のうちに背中で物を運ぶ動作を繰り返しております。たとえば、八貫匁の炭俵を二俵背負うと、その重量は、俵装の風袋と荷縄、それに厚くて重い藁《わら》げら（藁の蓑《みの》）を合わせて二〇貫匁（七五キロ）以上にもなります。男性一人の体重が一六貫匁だとするならば、荷物が人の体重を上回ります。

それを背負うときには、一本の荷縄を使用して、身体の重心の上に荷物の重心を乗せて、人と荷物が一体になるよう固定させ、上体を前傾する姿勢を保ちながら滑らかに移動するのです。

重い荷物を背負って山の「あごつり道」を駆け下るときに転ばなかったのは、自分の体重が背中の荷物に支えられていたからではないかと思われるのです。

「炭焼き」こぼれ話

製炭について以上述べた一連の作業のほか、ときどき入ってくる作業に、窯の手入れと炭検査の立会い、俵の「へそ縄」に検査札を取りつける作業がありました。

ですから、炭俵を背負って帰宅する日には、窯の調節を早く終え、昼過ぎには「だしたて」を終わらせることが必要で、そうしなければ帰りは夜になり、「火籠《ひかご》」を下げて夜道を歩かなければならなくなります。

「火籠」というのは、針金で編んだ小さい籠の中に炭火を入れて足元を照らす道具です。山道を長時間歩く場合には、予備の木炭を懐に入れておきますが、それでも強風のときには足りなくなりますから、背中の「はぎご」（はけご＝籠）の中にも入れて歩きました。

戦前・戦中の話です。

夜の雪道、とくに晴天で十五夜の雪道は、歩いた人だけがその美しさを実感することができます。冬の月の軌道は高いので、白い雪に光が反射したときの明るさは格別です。「三日の月は見だばがり」「四日の月は用《よ》んただね」「八日の月は役にたづ」などと昔からいわれており、人びとはひたすら八日になることを待ち望んだのでした。

さて、私のうちでは、炭焼きのために父が山に行って、四日目に帰りました。この日はたとえ作業が遅れていてもかならず帰ります。家ではこの日に備えて俵を編み、縄を綯《な》って門口の雪を払い、下屋（ひさし）の雪も下ろして風呂の湯を入れ替えて父を待つ、という四日サイクルの生活をしておりました。やがて、昭和一八年（一九四三）になり、私が高等小学校を修了したことで、父は一人男《ひとりおとこ》から解放されたのです。

その年の炭山は「きもどの平《てえ》」で、中《なか》の股《また》（塩根《しよね》川《が》のいちばん奥の部落）を過ぎてさらに奥の高台にありました。この秋、父は前年の窯と小屋を再利用することにして、新しい窯は巻かないことに決めたのでした。その理由は、第一に前年の窯はたいへん具合がよく、第二にその年の山は原木が少なかったこと、第三に私を毎日山に連れていくことができること、などでした。

そこで、古い窯の天井部分「鉢《はち》」だけをつくり変えることにして、虻川《あぶが》原《わら》の石之助さんに頼んで「鉢上げ」をしたのでした。小屋の骨組は前年のものをそっくり使い、茅《かや》だけ補充して仕上げました。そこまでは楽な作業でしたが、木寄せが大仕事でした。山仕事一年生の私は、雑用と木の運搬だけを手伝ったと記憶しています。

「きもどの平」は、窯からみると、沢を渡ったその向こうの「ひら」の上の台地に位置していました。ですから、台地で伐った木は「ひら」の上まで運び、そこから山根までまくり落とし（転げ落とし）、窯までは沢の橋を渡ってすべてを背中で運ばなければなりませんでした。ですから、木寄せには通常の三倍の時間と手間がかかったと思います。

それでもよかったことは、原木が尽きた二月以降、増伐することができたことでした。窯が今年の山とも昨年の山とも無関係の山から木を運ぶことができる位置にあったからです。そのため、その冬の収入は、ほかの人より多くなりました。

私が若いころ、先輩たちが「嫁こ」もらって、新婚夫婦で炭焼き小屋に「上り山」した（山仕事のために山に行く）という話をよく聞きましたから、私もそういうことにならないかと心ひそかに期待しておりましたが、父が最後の製炭まで健在でしたから、その機会はありませんでした。また、母は私を含めて七人の子を産み、祖母（昭和二九年二月没）もおりましたが、母たちが荷物を背負って炭山に行ったという記憶はありません。

父が体調を崩して入院したのは、私のうちの炭焼きの歴史を閉じた昭和四〇年でした。それまで父とはずっと一緒に炭を焼きましたから、一人男の経験がない私には、一人前《ひとりまえ》の炭焼きの話をしても説得力に欠けるようです。

青年団「塩根川向上会」の生き残りの佐藤捷雄《かつお》君にも炭焼きの経験はありませんが、佐藤順一君や高橋捷弥《かつや》君には立派な実績があります。小柄で身体の弱い私が、ひとりで何十年も炭焼きをしていたならば、重労働に堪えられず、今ごろ消えてなくなっていたかもしれません。

第三章 ❖ 山のめぐみ

「〝フキノト〟とり」

次郎こ太郎こ

次郎こ太郎こ　山さえご
次郎こ太郎こ　山さえご
去年の春も　えったけな
うんどこ　とりに　えーぐべや
じゅうなこ　とりに　えーぐべや
ほんなこ　とーりに　えーぐべや
今年の春も　えーぐべや
次郎こ太郎こ　山さえご
次郎こ太郎こ　山さえご

これは「青もの」採りの歌で、壽也氏の先輩にあたる高橋秀弥氏が口ずさんでいた歌です。「この純粋の及位の歌を、先輩が誰から聞いたのか、永遠に知る方法が無いのです。早々と旅立たれてしまいました」。

草刈り場

昔（近代以前）は、自宅の屋敷続きの山地は自分の山である、という意識を誰もがもっており、村でもそれを認めておりました。ですから、私の家のような一軒家が、家の北側に広いクリの木林をもっていたのも自然だったと思います。

塩根川《しよねが》の場合、春になると新及位《のぞき》から金倉山《かなくらやま》まで、川の流れの北側の山々に火を放ち燃えるにまかせて山焼きをしたという話です。山を焼くと木が育ちませんので、草が繁茂したのです。

山野草《さんやそう》のなかには食用になる草がありました。春の「カダゴ」（カタクリ）からはじまって、晩秋に採れる「ユリネ」（ヤマユリ）まで、自宅の近所の山々ではたくさんの「青もの」（山菜）を採取することができ、山どこの住民である私たちは、季節を感じながら山の恵みをいただくのを楽しみにしたものです。

安価な金肥《かねごえ》が出まわる以前、肥料といえば、山野草に家畜や人の排泄物《はいせつぶつ》を混ぜて発酵させた堆肥《たいひ》が中心でした。そのため、水田や畑の面積に応じた山野草の確保が何よりも重要事だったのです。少なくとも水田一反歩《たんぶ》（約一〇〇〇平方メートル）当たり三〇〇貫匁（一一二五キロ）の堆肥が必要だといわれておりました。

堆肥の原料は藁《わら》と山野草だけでしたから、農家では五月末から一〇月の降霜期《こうそう》まで、毎

画：佐藤 廣

日一人が「はけご」（籠）一六貫匁（六〇キロ）の二背負《しょ》い以上の草を刈りました。休日は盆の八月一四日だけでしたから、馬を飼っている農家ではさらに飼料用の山野草を二日分用意しなければなりませんでした。

一四日に休む理由は、一三日にご先祖さまが家に帰ってこられるので、仏さまの足を鎌で切るようなことがあってはならない、という配慮からでした。仏さまは目には見えないけれども生前に働いたところを歩いていらっしゃるため、万一にも事故があってはならない、との気配りだったのでしょう。しかし、じつは一年に一度くらい若者たちに朝寝させる、というのがおもな目的だったと思います。

江戸時代、住民が家の近くの山々を自由に使うことは黙認されていたようです。やがて、採草地と茅場《かやば》の区域が設定され、この古きよき習慣はなくなりました。そのあとに育った山林は、ナラを主体とした雑木林でした。このなかにはクリの木もありました。

これは、粒が小さい「ナメコクリ」ではなく、「ツクリクリ」といわれる栽培品種でした。

「ツクリクリ」は、今では中《なか》の股《また》の奥の金倉山の麓《ふもと》に林があるだけですが、塩根《しょね》川《が》の北側の山々では、その子孫が育っています。このクリは、その昔ネズミが山に持っていったために育ったといわれています

山菜

①　山菜いろいろ

じつは、かつて及位《のぞき》には「山菜」という言葉はなく、春がきていっせいに生える食用の山野草《さんやそう》を総称して「青もの」といっておりました。待ちに待った新鮮野菜の季節の到来で、栽培することなく、家の近くでいくらでも採集することができたのです。今さらながら自

ウド

アイコ

ワサビ

シドケ

赤ミズ

ウルイ

然の恵みのありがたさを感じております。

山菜はなんでも、早い時期に伸びるものが柔らかくておいしいのです。及位で食用にした山野草を、思いつく限り挙げてみましょう。

春一番にはバッケ（フキの薹《つぼみ》）が生えます。次いでカダゴ、ヒロコ、ジュウナコ、ホンナコ、ウドコとなり、そのうちにアイコ、ワサビの時期になってシドケが遅くに生えてきます。コゴメには、アオコゴメとアカコゴメの二種類があり、前者は早く生えますので生食用にしますが、後者は少し遅く出るので、乾燥して保存食にします。

「青もの」三役としては、なんといってもウルイ・ミズ・フキが挙げられましょう。ウルイは、田植え前から終わりまで長期間食べられる山菜で、花芽《かが》が出てもそれを取り除いて食べました。

そして、それよりも長期間食べたのは、ミズとフキです。

当地には、ミズは苗開きを過ぎてから採取するように、とい

フキ畑

フキ

う不文律がありました。苗開きというのは、苗代《なわしろ》に種籾《たねもみ》を播《ま》いてから三〇日過ぎたころに行う儀式のことです。

稲作農家では、種播き桜の咲く日、いちばん小さな圃場《ほじょう》に田植えをします。苗はまだ小さいのですが、それから一〇日のあいだにメキメキ大きく育って、田植えができる苗に育ちます。

このころ、ゼンマイやウドは採りごろになっていましたから、ミズの解禁日は遅いものでした。ミズは降雪の直前まで食べることができますので、その保護のために前述のような「苗開き令」になったのでしょう。一方のフキは、薹であるバッケを食べたあと、株の中心部分から次々と育ってくる芯《しん》茎《けい》を秋まで食べることができる、じつに便利な植物です。

及位の百姓たちは、ムラで養蚕《ようさん》がはじまって以来、クワの木を殖やすために野菜の植え付けを縮小しましたから、夏場の野菜はミズやフキに頼らざるをえませんでした。私が子どものころ、一〇月になってダイコンが食べごろになると、季

ワラビ

画：佐藤 廣

節がやっと野菜に追いついた、という気持ちになったものでした。

この間に採れるのが保存食の王様ゼンマイで、これは一三二頁で詳述します。また、タケノコにはナシロ（苗代）ダケとオオダケの二種類があり、とくにナシロダケは、春先に川端の笹薮《ささやぶ》の中に生える日本一おいしいタケノコです。

オオダケは別名ネマガリダケといって、有名なところでは月山《がっさん》や八幡平《はちまんたい》など比較的高い山に育ちます。秋田県湯沢市の奥羽山脈にある栗駒山系も一大産地ですが、当地及位・塩根川の山にも知られざる大産地がありました。

忘れてはならないのがワラビです。これは、ゼンマイの出はじめごろから伸びて、八月になってもなお採り続けることができる山菜なのです。

「夏のワラビは嫁に食わせるな」といわれていました

が、おいしいからか、または身体によくないからか、ということについては今なお不明です。現在出まわっているワラビはおもに栽培ものが多いのですが、これは七月になると出荷を止めます。翌年に備えて根に栄養を蓄えさせるためです。

昔は、ワラビの根のことを「ネバナ」といって、澱粉《でんぷん》を採取したり、主食にしたこともあったようです。当地の古い家には、「ねつきぶね」「ねたてぶね」など、「ネバナ」採取の道具がありました。私の家でも、池の底の鯉の栖《すみか》から「ねつきぶね」を見つけましたが、元に戻しておきました。

ユリネ

根を食する山菜のなかで、とりわけ忘れてはならないのがヤマユリです。これは盛夏のころ白い大輪の花を咲かせますので、容易に見つけることができます。何よりもその強烈な匂いは、夜道を歩いていてもそれとわかるくらいです。その球根はたいへん貴重な食料で、秋の落葉のころに掘り取って、軒下で寒風に晒《さら》すと甘味が強くなり、正月のごちそうになります。大皿に山盛りにしたユリネの煮つけは、私の好物でした。

根を食べる山菜には、ヤマユリのほかにカタクリの

ヤマイモ

ヤマイモの花

根っこのカダゴがあります。これは地下深くにあるため、大量に集めるためにはかなりの労力を使います。これを摺《す》り下ろして澱粉をとることもありましたが、炒《い》って食べるのがおいしかったです。

また、ヤマイモ（自然薯《じねんじょ》）は、山里の大切な食料です。一般的には生のまま摺り下ろしてトロロにして食べますが、煮つけてもおいしいものです。この薯《いも》の採取は、晩春、蔓《つる》が草藪の中から出てきたころと、秋、薯の葉が黄色く色づいたころに限られます。葉が落ちると蔓がバラバラになって、根の存在がわからなくなってしまうのです。夏季、「いもがすむ」といって、前年の薯が新しい薯に入れ替わりますので、食用にはなりません。

ヤマイモのほかにホンドという芋があり、スギ林や開いたばかりの山の畑で拾うことができます。これは大きくても直径が三センチ程度で、特別な匂いと甘味があり、囲炉裏《いろり》の灰の中で焼いていただきます。

今の子どもたちは食べませんが、私が子どものころには、毒でなければなんでも口に入れたものです。スカンポ・スカンコ・カッコベ・ヤマカッコベ・グルミギなど、子どもたちが自由に食べた野草があります。なかでもグルミギは実を食べますが、それ以外は葉っぱと茎も食べます。グルミギは山の中に分け入らないと見つけることができませんでした。食べてはいけない野草には、ヘビカダゴやヘビノダイモヂなどがあり、「ヘビ」の名を冠していました。ヘビカダゴというのは、アズマイチゲ・キクザキイチゲ・ニリンソウなどを指します。

ニリンソウは食用になるらしいですが、当地及位では食べませんでした。また、これはカダゴと同じ場所に生えて同じころに花を咲かせ、美しい花畑をつくります。しかし、一枚一枚の葉が有毒のトリカブトに似ています。及位では見られませんが、庄内の山では鎌で刈るほど群生していました。

庄内地方では、ドンゲエガラという山菜が好まれるようですが、及位では食べません。及位で近年食べるようになった山菜に、ヤマニンジンとゴボウアザミがあります。反対に、昔は食べたが今は食べなくなった山菜には、アガヒコとウシノシタがあります。また、カンゾウやツクシなどは、及位では今も昔も食べません。

以上のように、山菜にも場所や時代の好みがあるようです。

② バッケ採り

バッケとはフキの薹《つぼみ》のことをいいます。

春が近くなると、雪は上下二方から消えるといわれています。これが本当の話だと実感できたのは、水路の雪が消えるころです。水路の水面と上の雪のあいだには、真冬でも空間がありますが、三月になるとそのトンネルのような空間がしだいに大きくなり、不用意に雪の上を歩くと水路に落ちることがありました。

そんな時期、前年から水路に沿って育っていたバッケを採るのは、おもにお婆さんの役割で、不注意な子どもは決して行かせませんでした。もっともバッケが生えている場所を知っていたのはお婆さんだけでしたから、それを採るのは造作もないことでした。それに三個も採ればよかったのです。

フキの蕾

及位では、バッケの花部分は食べず、苞《ほう》といって花を寒気から守っているかのように包んでいる葉を食べました。食べ方はいたって簡単で、苞をむしり取って擂《す》り鉢《ばち》で擂り、味噌を加えるだけです。このバッケ味噌は、小さな皿に半分もあれば家族全員の夕食にも充分すぎるほどの量になりました。ほんの少量を温かいご飯にのせていただきますと、今年も春になったのだと感じられたものです。
これは、数百年来の私の家の、早春の儀式だったのかもしれません。九〇歳を過ぎて、やっとこの幸せに気づくことができたのはありがたいことで、生のバッケと生味噌、擂り鉢・擂《す》り粉木《こぎ》のセットに、当地の単純な食の極意をみる思いがします。

ばっけ

ばっけ　ばっけ　ふぎのとう
ばっけばっけ　ふぎのとう
吹雪《ふぎ》ふえだら　なんじする
あげ　かたびら　すっかぶる
ばっけ　ばっけ　ふぎのとう
ばっけ　ばっけ　ふぎのとう
ばっけ　ばっけ　ふぎのとう
ばっけ　ばっけ　ふぎのとう
雪代《ゆぎしろ》　きたずき　なんじする

石こさ　たぐづで　すっこぐる
ばっけ　ばっけ　ふぎのとう
ばっけ　ばっけ　ふぎのとう

（『記憶の中の旋律　及位の童歌』）

③カダゴ（カタクリ）採り

春、南向きの山麓では、カダゴとヘビカダゴの群生が見られます。私は小学校二年生のとき、初めてカダゴ採りをはじめました。花畑の中にドサッと腰を下ろして前後左右に手を伸ばすだけで、必要なだけのカダゴを採ることができ、幸せな気分を味わいました。

地表から二〇センチぐらいのカダゴを引き抜くと、白くて細い茎がついてきます。球根は地面の深いところにあるので、採ることはできません。花が咲くカダゴは、葉の数が三枚で、二枚のものも一枚だけのものもありますが、一枚だけのものには花芽《かが》はできません。多分、球根が小さいのでしょう。右手で引き抜いたカダゴを左手に持ち替え、持ちきれなくなると、食べられない花の部分を右手でむしって捨てていきました。

春一番の「青もの」のカダゴは、さっと茹《ゆ》でてざく切りにし、大皿に盛っていただきました。山に行けばいくらでも採れるのに、食べるのは一年で二回だけです。理由ははっきりしませんが、甘すぎて飽きるのではないかと考えています。でも、保存用のカダゴはまだ採り続けます。

保存用には、好天のときにさっと茹でたあと半日ぐらい干して、それを風呂敷に包んで潰さないように保存しておきました。干したカダゴは六月に行われるさつき（田植え）中の献立に供されました。これはまったく風変わりな料理で、甘く煮た小豆の中にカダゴとダイコンの角切りを入れた、いわば薄味のぜんざいのようなものでした。あとで考えると不思議なことで、通常、冬野菜のダイコンは三月末に切干にして保存しましたから、六月に生のダイコンを食べたということになるのです。

私は、何十軒もの塩根川の農家の手伝いに行って、「よでな」（田植え後の祝い膳）をごちそうになりましたが、この料理に出会ったことはありませんでした。こんな季節はずれの料理をいったい誰がわが家に伝えたのか考えると、及位から嫁にきたトリヨ祖母か大滝からきた曾祖母だと思われます。今となっては誰にもわからない謎になってしまいました。

カタクリの花

④ ヒロコ採り

子どもたちの早春の遊び仕事のひとつに、ヒロコ採りがありました。これは、黄色く伸びたヒロコの新芽を球根と一緒に抜き採りますから、ヒロコ掘りというほうが正確な表現かもしれません。

ヒロコは、地表の雪が薄くなると自身で雪を分けて出てくる野生のネギ、といったところでしょうか。ヒロコは黄色いものが甘くておいしいので、子どもたちは雪の消え残る畑で、競争して掘りました。ヒロコ採りには「つくし」と呼んだ木製のヘラと籠を持って出かけました。ヒロコさえ生えていたら誰の所有地であっても勝手に入って採ることができたのでした。

現在はスギ林になっていますが、私の家の一〇〇メートルほど西方にあった小豆畑が、塩根川《しょねがわ》では最大のヒロコの群生地でした。天気のよい日の午後や日曜日には、二〇人ほどの子どもたちがここに集まって、ヒロコ採りに興じたものです。

一定の時間に一定量のヒロコを集めるだけでしたら、それぞれが別の場所で採るほうが効果的だったと思いますが、私たちがそうしなかったのは、これが早春の子どもの行事のよ

ヒロコ

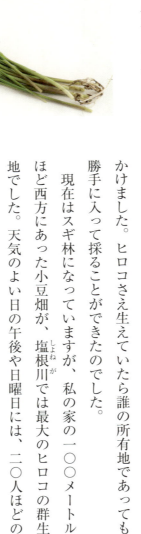

うになっていたからではないか、と推測しています。

四、五日もすれば、この畑でも雪が消えて一面の緑の草原に変わります。すると今度は、子どもたちは「つくし」を包丁に持ち替え、青く伸びたヒロコの葉を刈り取ったものでした。ヒロコ畑は、毎年採っても採っても収穫量が減少することはありませんでした。その理由を考えてみますと、どうやらここが小豆畑だったからではないか、ということに思い至りました。

及位《のぞき》では、六月下旬に小豆を播《ま》くという習慣がありました。それ以前ですと茎が伸びすぎ、夏場には倒伏して収量が減少するという危険があったからです。それで、田植えが終わり春蚕《はるご》（五月初旬ごろ飼育する蚕）も終わって、田に一番草（最初の除草）に入る直前、小豆を播いたのです。

そのころのヒロコは、黄色く変色して一年の営みを終える時期になっており、ヒロコは球根に養分を蓄積して、休んでもよい状態だったのです。それに加えて、小豆栽培時の耕し方は「へびぎまぎ」という方法でしたから、ヒロコの地下茎が損傷を受けることはなく、小豆と共生することができたのでした。

寄り道になりますが、「へびぎまぎ」という耕し方の説明を加えておきます。

前年に小豆を栽培した畑は、六月下旬には夏草の伸び盛り期になっており、ヨモギやフ

ヨモギ

キなど、大型の草が育って藪《やぶ》になっています。この時期には、ヒロコは見えなくなっています。そんな硬くなった畑でも、前年の小豆の畝《うね》ははっきり残っています。その畝の山から谷の方向に、鍬《すき》で浅く削り倒すのです。

畝の山から両側に削る方法が「両へびぎ」、谷と谷の両側を一回で削り落とす方法を「片へびぎ」といい、高い技術と労力が必要な作業でした。

その後、種播き・中耕《ちゅうこう》・収穫へと進みますが、要は小豆本体が雑草に負けずに育てば、農作業の丁寧さとは関係なく収穫することができる、ということなのです。「へびぎ」農法は、不耕起農法ともいわれ、アワ・ヒエ・キビ・トウモロコシ・ジャガイモ・大豆などの栽培にも取り入れられました。

⑤ジュウナコとシバザクラ

私の家の北側の山麓でカダゴが生い茂っているころ、その山の上方ではシバザクラを見ることができました。私はその美しさに息をのむほどの感動を覚えたものでした。急いで小さな「はけご」（籠）を腰に巻き、斜面の小柴をつかみながら四つ足で登りました。そして、めざすシバザクラの株の根本に到着すると、左手で折ったサクラの枝を握って滑るように山の斜面を下りたのです。

「ほうほ、桜せぇだがは」（ほう、もう桜が咲いたのかい）と、祖母のトリヨは、いそいそと花瓶を用意して仏壇に供えました。これが、彼岸とは異なるわが家の行事でした。

シバザクラ

笠をかぶり、蓑をまとって、「はけご」を背負い、仕事の支度をしている。© 新庄市

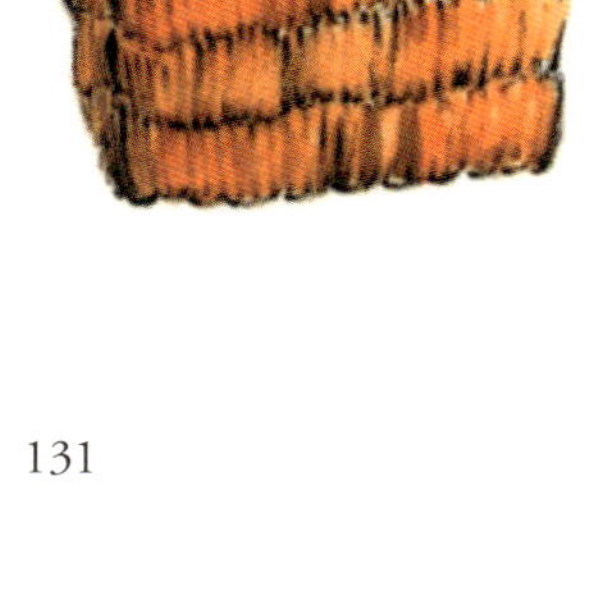
「はけご」画：佐藤 廣

ところで、山のものを採るときには、「登りながら採れ、下りながら採るな」と小さいときから教え込まれていましたから、私はシバザクラの元へと這《は》い登りながらジュウナコを採っていたのです。ですから、シバザクラに到着したときには、腰の「はけご」にはジュウナコがいっぱい詰まっていたのです。

下りながら採りますと、姿勢が不安定になって転落の危険がありますが、登りながらですと、ひとつかみ数秒ずつ呼吸を小さくして、エネルギーを節約することができました。そして、このジュウナコこそが本格的な山の「青もの」のひとつとして、春の食卓に上ったのでした。

シバザクラは株立の木ですから、老木になると枯れていきます。でも、新しい芽が毎年育ちますから、株としてはいったい何十年生きるのか何百年なのか、計りようがありません。シバザクラの花びらは淡い桜色ですから、遠目には白っぽく見えます。でも花芯の部分は深紅に近く、じつに美しい花です。

⑥ ゼンマイ採り

自家用飯米の収穫と副業や出稼ぎによる現金収入は、一家の生活、なかでも子どもの教育レベルを左右しました。副業による現金収入のポイントは、農業の仕事をいかに手早く片付けて副業の時間を多くとるか、いかにすばやく現金化することができるか、ということにかかっていたのです。

及位《のぞき》付近はゼンマイが豊富で、一日行くと一年中食べられるくらいの量がすぐ採れました。戦前、大阪の有名な問屋が軒並み東北に買い子を差し向けて、競争で買いにきたものです。それで、農家に限らずここで生活する人は、シーズンになると盛んに山に入ってゼンマイ採りをやりました。その結果、だんだん収量が減りました。

そしたら戦争になって（採る）人が少なくなって、米買うのが精一杯でしたから、ゼンマイを買う人があまりいなくなったため増えたというわけです。でも、戦争が終わってもすぐには売れませんでした。やがて経済が回復して売れるようになったので、また採りました。昭和二四、五年（一九四九、五〇）ごろには採ったと思います。自分で採れるような年齢になっていましたから。

一シーズンに、ひとりで採った量で最高っていうと、推測ですが、乾燥で五五貫匁（約二〇六・三キロ）です、親父が二〇貫匁、私が三五貫匁くらい。三〇代後半のころです。南京袋、六斗袋っていうんですが、これに上手《じょうず》に詰めると一九貫匁入ります。それにいっぱい背負《しょ》ってくるのが、ゼンマイ採りの一日のノルマ、一人前《ひとりまえ》として認めてもらえるノルマ、そのためにみんな、しのぎを削って難儀したものです。ですから、ゼンマイを背負っ

ゼンマイ

てくる人を見ると、何貫匁くらいあるか、ひと目でわかりました。

私の場合、生涯最高量採ったことと、年間で最高量採ったことと、一日平均採った分量、それはおそらく三冠王です。日誌[*1]をつけていますから、行った山や採った量、感想なんかも記録してあります。

その後、カモシカの特別天然記念物指定[*2]っていうことが、ゼンマイにとっていちばんの大敵になりました。あれを保護した結果、個体数が増えて食習慣が変わったらしく、ゼンマイのように今まで食べなかったものも食べないと生きていけなくなったんです。

ゼンマイは乾燥してから出荷します。「干上がる」といいますけど、湿度が高いとからっとしない、それがいちばん困りました。金額はそのときの相場で違いますが、うちで売った最高値が、乾燥で一貫匁（三・七五キロ）三万五〇〇〇円か四万円というのがありましたな。そのうち安い輸入品が増加し、問屋は国産のものを買わなくなりました。それで、もっぱら自分たちの採ったものはそれまでお付き合いのあったお客さんに個別に販売しました。ですから、輸入ものよりもずっと高く売れました。

山菜の収穫は家計を左右しました。そのころ、一日で採れたゼンマイの販売金額は、土木作業員の一週間分の賃金くらいにはなりましたから。その代わり、うちじゅう難儀したものです。

ゼンマイは服（皮）取りをしたうえで、茹でて揉《も》み、それから干しました。うちじゅうシーズン中は、子どももみんな学校から帰ったら、すぐ服取りをやらなければなりません。ですから、夫婦二人だけのベッカ（別家＝分家）の新宅持ちの人は、夕方ちょっと遅く帰ってきたら、奥さんと二人で一生懸命取っても一二時までに終わらなかった。それで隣近所に手伝ってもらった、ということもよく聞きました。

戦後はうちの子どもたち皆に服取り、やらせましたね。娘は仕事名人だったので、誰よりもはかどった。学校から帰ると一生懸命服取りしましたな、意地になって。取らないことには宿題もできないし寝られない、ぼやいていましたよ。

［註］1　残念ながら現存するのは昭和四五年から四九年までの五年間のものだけである。
2　日本カモシカの特別天然記念物指定は昭和三〇年二月一五日。

こんなものを食う人がいるからいけないいんだ。
食う人がいなければいい。
よくこんなところに干したものを食う人もあるもんだ。
って悪口言ってました、家の角の洗面所の外に、筵《むしろ》をひ（敷）いて干しましたから。

ゼンマイ採り解説

ゼンマイ採りについては、少々解説を加える必要がある。理由は既述のとおり、ゼンマイは佐藤壽也《さとうとしや》氏による山菜採取では、唯一「ギネス」と自賛した山菜だからであり、本書執筆中に本人が他界して、ゼンマイ採りに関する詳細な聞き取りができていなかったからである。そのため、本書では平成一五年（二〇〇三）の聞き取りデータを使用した。

繰り返しになるが、「生涯最高量採ったことと、年間で最高量採ったことと、一日平均採った分量、それはおそらく三冠王です」とは本人の弁で、数年前に本人から託された「ぜんまい採り日誌」（以後「日誌」と略称する）を年別にまとめた。

ゼンマイは、通常、標高の低いところでも一〇〇メートル、高いところでは五〇〇メートルくらいの山の斜面に自生している。そのため、かんじきと呼ばれる縄文時代から使用されたと伝わる履き物を装着して、岩場や残雪の斜面を登らなければならなかった。壽也氏自身は不要な小道具だとして、ほとんどこれを使用しなかったという。

推測だが、採りやすい場所は地域の住民に残し、またはすでに採取されていたた

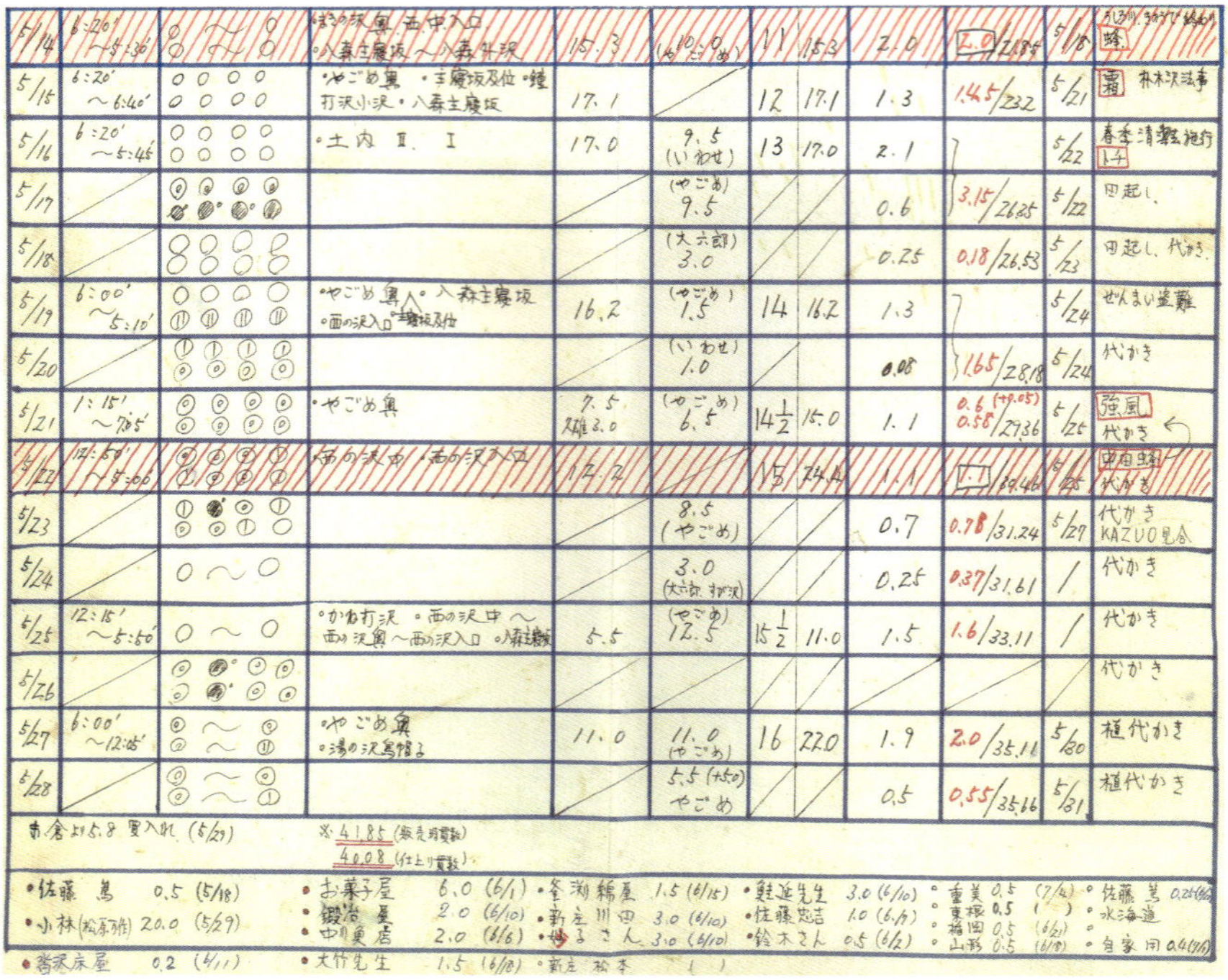

5/14	6:20′ ～5:30′		。まきの沢奥 西中入口 。八森主腰坂～八森外沢	15.3	(やごめ 10.0)	11	15.3	2.0	2.0/21.85	5/18	うしろ刈り、きかぶし終わり 蜂
5/15	6:20′ ～6:40′		。やごめ奥 。主腰坂及位 。鐘打沢小沢 。八森主腰坂	17.1		12	17.1	1.3	1.45/23.2	5/21	霜 林木沢法事
5/16	6:20′ ～5:45′		。土内 II. I	17.0	9.5 (いわせ)	13	17.0	2.1		5/22	春季清掃施行 卜斗
5/17					(やごめ) 9.5			0.6	3.15/26.35	5/22	田起し、
5/18					(大六郎) 3.0			0.25	0.18/26.53	5/23	田起し、代かき。
5/19	6:00′ ～5:10′		。やごめ奥 。八森主腰坂 。西の沢入口 主腰坂及位	16.2	(やごめ) 1.5	14	16.2	1.3		5/24	ぜんまい盗難
5/20					(いわせ) 1.0			0.08	1.65/28.18	5/24	代かき
5/21	1:15′ ～7:05′		。やごめ奥	7.5 雄3.0	(やごめ) 6.5	14 1/2	15.0	1.1	0.6 (+0.05) 0.58/29.36	5/25	強風 代かき
5/22	12:50′ ～5:00′		。西の沢中 。西の沢入口	12.2		15	24.4	1.1	1.1/30.46	5/25	中国出… 代かき
5/23					8.5 (やごめ)			0.7	0.78/31.24	5/27	代かき KAZUO見合
5/24					3.0 (大六郎、すが沢)			0.25	0.37/31.61	/	代かき
5/25	12:15′ ～5:50′		。かね打沢 。西の沢中～西の沢奥～西の沢入口 。八森主腰坂	5.5	(やごめ) 12.5	15 1/2	11.0	1.5	1.6/33.11	/	代かき
5/26											代かき
5/27	6:00′ ～12:05′		。やごめ奥 。湯の沢烏帽子	11.0	11.0 (やごめ)	16	22.0	1.9	2.0/35.11	5/30	植代かき
5/28					5.5 (+5.0) やごめ			0.5	0.55/35.66	5/31	植代かき

赤倉より5.8 買入れ (5/29)
※41.85 (販売用貫数)
40.08 (仕上り貫数)

- 佐藤 篤 0.5 (5/18)
- 小林(松原分) 20.0 (5/29)
- 畳床屋 0.2 (6/11)
- お菓子屋 6.0 (6/1)
- 鍛冶屋 2.0 (6/10)
- 中川魚店 2.0 (6/6)
- 大竹先生 1.5 (6/18)
- 釜渕綿屋 1.5 (6/15)
- 新庄川田 3.0 (6/10)
- 妙子さん 3.0 (6/10)
- 新庄 松本 ( )
- 鮭延先生 3.0 (6/10)
- 佐藤忠吉 1.0 (6/9)
- 鈴木さん 0.5 (6/2)
- 重美 0.5 (7/4)
- 東根 0.5 ( )
- 梅田 0.5 (6/21)
- 山形 0.5 (6/18)
- 佐藤 篤 0.25
- 氷海道
- 自家用 0.4 (7/6)

佐藤壽也作成「ぜんまい採り日誌」より

めに、自身の経験から危険な場所や誰も知らない場所を見つけ、それを記録して次年度以降に生かしたのだろう。

ゼンマイ収穫の数字だけを表（一四二頁）にしてしまえば、ごく簡単にみえるが、該「日誌」自体は精緻を極めたものである。

昭和四五年（一九七〇）を例に挙げると、A3二枚分の大きさの模造紙に、月日・採取時間・天気・採取重量・乾物重量・仕上がり日・乾物累計重量などが記

昭和45年
(1970)
ぜんまい

月日	時間	天気	摘要	全重量 TOSHIYA	全重量 HIROSHI	日数累計	1日換算	予想される乾物重量	乾燥による重量/累計	仕上り月日	備考
5/1		○〜○									消防演習
5/2	3:30′〜6:15	○〜○	◦神田杉沢、◦清川立谷沢 ◦古口最上川右岸 ◦西の沢東	7.0		1/3	21.0	0.6	0.6	5/5	農協組合長選出
5/3	7:00′〜6:00′	○〜◎	◦うしろ川奥 ◦うしろ川三本裏山	15.0		1 1/3	15.0	1.2	1.2/1.8	5/6	中学校運動会
5/4	6:45′〜5:50′	◎〜◎	◦中田高堂山南 ◦外沢口向い下の沢 ◦外沢口裏の山	18.5		2 1/3	18.5	1.5	1.7/3.5	5/9	
5/5	7:05′〜5:55	○〜○	◦鐘打沢入口〜鐘打沢小沢〜外沢口前 ◦国道上	20.7		3 1/3	20.7	1.6	1.8/5.3	5/10	
5/6	6:50′〜5:50	○〜○	◦鐘打沢〜外沢入口向い下 ◦西の沢奥 ◦主寝坂旧及位	16.7	11.0	4 1/3	16.7	2.2		5/11	納税組合総会
5/7	7:00′〜6:00′	◎〜◎	◦うしろ川奥(大) ◦うしろ川久次郎裏山 ◦主寝坂金山 三本裏山	17.8		5 1/3	17.8	1.4	3.9/9.2	5/11	安楽城法事
5/8	6:50′〜5:45	◎〜◎	◦うしろ川 ←→	21.5	3.8	6 1/3	21.5	2.0	2.0/11.2	5/13	
5/9	6:45′〜5:55	①〜○	◦うしろ川小又 ◦鐘打沢入口〜鐘打沢小沢	23.2	10.0	7 1/3	23.2	2.7	2.6/13.8	5/13	うしろ川 さかりに入る 苗代除紙(4/25.26)
5/10		○〜○	校庭桜 早生 散りそめ(2日目) 中生 満開								小学校運動会
5/11	6:15′〜5:15	◎〜◎ ◎〜●	◦うしろ川小又 ◦うしろ川久次郎裏山 ◦か貫ろ沢小沢〜鐘打沢入口	20.5	9.5	8 1/3	20.5	2.2		5/15	久次郎裏山、鐘打沢入口さかり
5/12	10:15′〜5:55	●〜●	◦主寝坂及位〜主寝坂金山	14.5		9	21.7	1.1	3.4/17.2	5/15	風雨のため出足遅れる 気温下る
5/13	6:30′〜6:00	①〜○ ○〜○	◦西の沢東 ◦鐘打沢入口〜鐘打沢奥〜うしろ川〜鐘打沢中 ◦八森外沢	19.5	11.5(やごめ)	10	19.5	2.6	2.65/19.85	5/16	4月分納税納付(固定資産税第一期)

載されている。そのうえ摘要として、採取場所やその日の行動までもが克明に記載されていて、一日に複数の場所でゼンマイを採取したことがわかる（上の表）。

ゼンマイは乾燥すると、その重量は生の状態の約八％にまで激減してしまうのだが、短い時間ながら場所の目星をつけ、シーズン中では毎回空振りなく採取したところが、相棒壽也氏の腕の凄さである。

「日誌」から、この年の採りはじめの五月二日を見ると、農作業を終えた午後三時半から六時一五分まで、三時間足らずのあいだに「神田杉沢」「清川立谷沢」「古口最上川右岸」「西の沢東」など四か所を回って、「七〆《かんめ》」（約二六・三キロ、一〆は三・七五キロ）を採取した。

　これらの地名から、最上川近くの山々を回ったのだということがわかる。しかも、それは苗代づくりや代掻《しろか》き作業など、田植えの準備をしながらの採取なのだ。繁忙期のため、極力時間のムダを省いたのだろう。

　この年いちばん収量の多かった日は五月九日で、曇天ながら田んぼの作業は苗代の除紙（乾燥を防いで発芽を促すために苗代を覆っている紙を除くこと）のみ、壽也氏は午前六時四五分から午後五時五五分まで、父親の廣《ひろし》氏とともに一日中採って三三・二〆（一二四・五キロ）の収穫をあげた。この日だけで乾燥ゼンマイ約一〇キロ、これを販売した場合、一三四頁の単価で概算すると一〇万円近くになる。

　例年、ゼンマイを採ることができるのは、四月下旬から田植えまでの約一か月間と短い。昭和四九年は春の訪れが遅いうえに天気も悪かったが、五月六日から六月一七日までの四三日間に三〇回、山に行った。天候に左右されながら、壽也氏は山菜採り名人のプライドをかけてこれに挑んだようだ。

　本人の言葉どおり、乾燥したゼンマイはキロ当たり一万円前後で売買され、それは家族の生活、とりわけ教育費を左右した。厚労省賃金構造基本統計調査によると、昭和四五年の大卒者の初任給平均が三万九九〇〇円、単純計算では年間収入は四七万八八〇〇円となる。それに比較して、昭和四五年に壽也氏が収穫したゼンマイの重量は、乾燥で一三三・八キロ、その販売金額は一〇〇万円をはるかに超えており、ほかの山菜販売金額を合わせると、大卒サラリーマンの年収の三倍近くの収入を得ていたことになる。

次頁の一覧表のとおり、ゼンマイの総収量は毎シーズン一トンを超えているのだ。この成績が、つねに控えめな壽也氏に「ギネス」だと言わせたのだと確信した。

蛇足になるが、該「日誌」には、自宅の田植えだけでなく、隣の「長之助」家や妻の実家の作業も手伝ったことが記載されている。小さな山村共同体の助け合い「よえ」（結）が発動され、田植え後は「よでな」を開き、手伝った人たちに餅や膳を供して「さつき」（田植え）の終了を祝った。また、昭和四八年には小部落ごとの「さなぶり」（休養日）で重労働の疲れを癒したことも記載されており、田植え後の骨休めまでもが集落全体の行事だったことがわかる。

「日誌」には、ゼンマイの収穫が終了したあと、フキ・キャラフ（ブ）キ・ミズ・ナメコ・マタタビなど、降雪まではほとんど休みなく近隣の山に出かけ、現金収入

ゼンマイ収穫

（単位　kg）

収穫日	壽也	廣	1日平均	乾燥
昭和45年5月2日～28日／　27日間	1,126.9	391.9	56.3	133.8
昭和46年5月4日～30日／27日間	1,373.6	481.9	68.7	158.6
昭和47年4月20日～5月23日／34日間	1,624.9		47.8	134.3
昭和48年4月24日～5月26日／33日間	1,333.2	505.5	55.7	151.6
昭和49年5月6日～6月17日／43日間（遅い春）	1,056.0		24.6	86.2

注：廣氏は壽也氏の父親

山菜収穫

年	種類	収穫量(kg)	販売金額(円)	採取場所ほか
昭和46年	ウルイ	643.3	25,732	秋田県秋ノ宮村および宮城県鬼首付近 多くに妻の兄夫婦同行
	フキ	922.4	76,377	
	ミズ	83.1	28,114	
	計		203,616	
昭和47年	ウルイ	376.6	15,064	秋田県秋ノ宮村および宮城県鬼首付近 多くに妻の兄夫婦同行
	フキ	16,739.1	319,427	
	計		334,491	
昭和48年	フキ	14,745		秋田県秋ノ宮村 多くに妻の兄夫婦同行
	キャラフキ	351	316,839	
	またたび	290.5	101,181	
	ナメコ	53.9	22,410	
	計		440,430	
昭和49年	フキ	12,535	73,800	秋田県秋ノ宮村 妻の兄夫婦同行 7月31日水害
	ミズ	4,151	151,491	
	計		225,291	

につながる山菜を収穫したことが記載されている。山村では土木・建設現場や工場など、都市部に出稼ぎする者も増えていた。しかし、地元にとどまって山菜を採取したり、山仕事を副業にした住民も存在したのだ。

一〇〇年後の住民にも豊富な山の恵みをもたらしたという理由で、明治維新当時、山林の私有化を固辞した及位《のぞき》の人びとの選択は正しかったのである。「山どこ及位」が、国有林に囲繞《いにょう》された土地であったことと、収穫した山菜の販路を確保することができたことの意味は、ことのほか大きかった。

以上のように、私にとって該「日誌」は、山菜採取記録以上の情報源となり、当地の生活の一端を理解することができる興味深い記録でもあった。

天スギとブナ

昭和一七年（一九四二）冬、年が明けて一八年、私が一四歳当時の話です。塩根川《しょねが》部落会では、毎月「ケーヤク」（常会）がありました。「ケーヤク」は、村役場からの連絡事項を住民に伝え徹底させるための情報伝達の場であり、戦争遂行のために必要な日々の生活に関する政府からの指令を伝える場でもありました。

そのときの命令は、戦争の拡大・長期化に伴う船不足の深刻化解消のために、木造船の材料となる「天スギ」（天然スギ）を至急伐採・供出せよ、という内容でした。真室川《まむろがわ》営林署管内で「天スギ」が群生している山は塩根川がもっとも多く、次いで釜淵《かまぶち》の黒森山でした。

塩根川でも目立った群生地は、「大六郎沢山《おおろくろうさわやま》」と、「赤倉沢山《あかくらさわやま》」の「からだぎ」と「あかやす」です。また、「ヒバ」（檜）は「滝の沢」に多かったのですが、そのときは搬出のための道路にいちばん近い「大六郎沢山」が選ばれました。

この年の正月過ぎには、「炭焼きも木挽《こび》きもやめて、山で働ける人は全員『大六郎沢山』に集合せよ」との号令が、塩根川全体に出されたのでした。私の二年先輩の佐藤登さんや高橋清太郎さんから、当時としては老人の部類に入る栗田三次郎さんら六〇代の人たちまでもが駆り出された、と記憶しています。

そのときの賃金はいくらで、誰がどのようにして支払ったのか、ということはまだ子どもだった私にはわかりません。塩根川は、山林資源が豊富だったことに加えて、木挽き職など山仕事に携わる人口が多かったことなどの理由から、木材供出に白羽の矢が立てられたのだと思います。

山の仕事は、「山こ」（伐木、玉切りする人）、「集材」（木材を、橇道《そりみち》まで届ける人）、「橇引き」（橇で広い道まで運ぶ人）、「道づくり」（橇道の補修）の人たちが担い、大鋸《おが》使用という特殊技術を要する「山こ」以外、皆同じ額の賃金を受け取りました。

小学校への登下校時、日ごとに高くなる丸太の山を見て、見事なスギ山があるもんだ、と感心したことを思い出します。塩根川の人びとの働きで、たちまち目標どおりの丸太を出荷することができました。

船材といっても、六尺（約一八一・八センチ）物と一二尺物の二種類だけで、特殊材は一本も出しておりません。これでは簡単な舟さえできなかったと思います。

いったい何に使用したのでしょうか。あれから七〇年以上経過して「大六郎沢山」のスギ林は再生しましたが、今思うと、あの当時の供出命令は、一〇〇年以上の樹齢の成木だったスギたちにとっては不運な出来事でした。

じつは、この「大六郎沢山」のスギの群生地は、「上さらい沢」と「下さらい沢」でおもな面積を占めており、雪崩《なで》が多い地域でもあります。私は子どもながらに、「雪崩の季節によくも事故にあわなかったものだ」と思っておりましたが、作業員全員が「なで」のことを熟知していたからだと、今では納得しています。

仕事が完了すると、「落ち丸太を見つけた者は、それを運び出してもよい」という不文律が生まれていました。「落ち丸太」というのは、収材途中、雪に埋もれて見えなくなった丸太のことです。橇道があるうちに運び出すと、個人の物になりました。

でも、私の父は参加しませんでした。一人で天スギの丸太を運ぶことはとてもできなかったからです。何組かの人たちが山に入った結果、意外にも高品質の丸太が運び出されました。そうすると、誰かが「代金を払え」と言いはじめたそうですが、子どもだった私にはその後のことはわかりません。

「天スギ」を供出した翌昭和一九年、ムラのケーヤクで、飛行機製造のための材料として、ブナ材を至急供出するよう指令を受けた、という説明がありました。それも、七月までに出さなければこの戦争に負ける、という期限つきでした。

当時の戦局は悪化していて、すでに「負ける」という言葉が使用されはじめていまして、住民は敗戦の不安のなかにおりました。今回は「戸屋沢山」（問屋沢山）のブナが選ばれ、前年の「大六郎沢山」における天スギの伐採・搬出と同じく、部落総動員で作業に当たるように、という内容だったのです。すでに四〇歳までの健康な成人男性は召集を受けて留守でしたから、塩根川でもいちばん人手不足の時代でした。

当時の作業は、伐採する人が山を見上げて、あの木がよさそうだ、こっちもいいぞ、など勝手に決めて伐り倒していたことを思い出しました。何しろ政府の命令でしたから営林署の調査などなく、戦争に勝つためには、とにかく良材を玉切りにして供出することが優先されたのでした。

そのとき、私は橇引きを担当しました。親方は、私の妻の父親の初造さんで、私と同級生で妻の兄の昭三さんも一緒に作業したと記憶しています。私の父は、集材に当たっておりました。なぜかといいますと、私のうちの橇は古くて薄いものが多く、ブナ材のように重量のある丸太を運ぶことができなかったからです。

その年、「戸屋沢山」の「舟沢」には炭焼きが入っており、私の家でも父と私が作業しておりました。私たちは炭焼きをいったんやめて、ブナ材の伐り出しに従事しなければな

「山しごと」 © 新庄市

「山しごと」© 新庄市

「山しごと」© 新庄市

らなくなったのです。ブナを伐採する山は、入口に近い緩やかな「ひら」で、当時「原生林もどき」の木が茂っておりました。

「もどき」というのは、私がそのように考えているからで、その数十年前に旧及位《のぞき》（地区）の炭焼きが入り、古木を主体とした択伐《たくばつ》方式の製炭を行ったあとに植林した苗木が、原生林のように美しい林に生育していたからで、その意味で純粋の原生林ではないのです。

「戸屋沢山」の立派なブナ材は、一本伐り倒しても丸太として利用可能なのはほんの一部分しかなく、残りはそのまま放置し、山の神さまにお返ししました。しかし、その木々にはその後何年間も菌類が繁殖し、住民の食用キノコとして役立っていたのでした。

以上のように、この小さな塩根川部落でさえ、私のような少年から六〇代の老人まで銃後を守る役割を果たし、ブナ材を送り出したのでした。

その当時、軍用飛行機はすべて金属製だと思っていた私には、いったい飛行機のどの部分にブナ材を使用するのかと、不思議で仕方ありませんでした。敗戦後数年たったのち、どうやら飛行機のプロペラに使われたらしい、という情報が流れました。はたして木製のプロペラが実戦に役に立ったかどうかは不明です。でも私にとっては、初めて賃金を得た山仕事ということで、記憶に刻まれた事業でした。

「冬の木出し」© 新庄市

寄り道になりますが、ここでいう旧及位地区の炭焼きというのは、同地区の製炭組合による「戸屋沢山」の炭焼きのことで、営林署の事業でした。ここでは、原生林の古木や成長の止まった老木を炭焼きで処分することで若木の生育を促そう、という方法を採用したのでした。したがって択伐方式を採らざるをえず、炭を焼く人びとは難儀したと思います。

なぜなら、周囲の若木を傷つけないように古・老大木を切り倒すことも大変ですし、何よりも窯木として四・五尺（約一三六・四センチ）の長さの丸太を割ることが難しかった、割れない性質の木に当たったならば、なおさらのことです。そのうえ、老木はどんな名人が焼いても上質の炭にはならないのです。

このように、旧及位地区の人びとの苦労によって、昭和一九年当時には立派なブナの「原生林もどき」ができあがっていたのでした。

なお、及位地区内の国有林では、スギ、カラマツ、ドイツトウヒ以外の植林はなく、例外的に虻川原《あぶがわら》地区でのカシワと中の股《なかのまた》のアカシヤがありました。日本列島は雨に恵まれていますから、普通の林相のもとでは木陰をつくっている大木が倒れても、若木や幼木が自然に育ちます。つまり、わざわざ植樹することはないということなのです。

第四章 ❖ 女性と子どもの仕事

「子守り」

子守歌

ねね　ここ　ねね　ここ　ねね
ここやー　やーや
ねねずど　夜鷹に　さらわれる
やーや
ひらかげ山の　きづねこは
やーや
一匹吠えれば　みな吠える
やーや
ねろ　ねろ　猫の耳さ　蟹はい込んだ
やーや
川でかめの子　焼け死んだ
やーや

及位に残るたった一つの子守歌です。

「ひらかげ（け）山」（平掛山）は、実在する地名「ひらおとし」といわれている熊専用の大型の罠（わな）を仕掛けた山のことです。

女性の仕事

（炭焼きの）窯巻きの季節は、女性たちにとっても特別忙しい季節でした。稲はなんとか稲架《はざ》から屋内に取り入れたけれども、畑の作物、ダイコン・カブ・葉物野菜、大豆や小豆などの収穫が終わっていないことが多かったのです。この時期、女性たちが出会うと、

おめえでへんたぐぁおわたがは（お宅では、洗濯は終わりましたか）。
つけおのつけぁなんぼじぶんだ（漬物を漬ける時分ですね）。

などという会話が多くなります。

晩秋の洗濯というのは、日常の洗濯とは異なり、冬物の綿入《わだいれ》着物の縫い直しのことをいいます。春まで着ていた綿入れを「ほどがして」（ほどいて）洗い、板に張り付けて糊付《のり》けします。私の子どものころは、綿の処理は綿屋の機械に頼っていましたが、祖母の時代には手でほぐしたと言っておりました。養蚕農家であれば、古い綿に絹の毛羽を入れると腰の強い「打《ぶ》ち直し綿」に仕上がるということでした。

袷《あわせ》に綿を入れた「綿入れ」と襦袢《じゆばん》に綿を入れた「どんぶく」は、雪国に暮らす者にとっては寒さをしのぐ必需品だったため、毎年、家族一人に最低でも二枚ずつ新調しなければ

カブ（上）とハクサイ（右）

なりませんでした。また、「はっぴ」という袖なしの綿入れもありました。

数年に一度、布団も洗濯しました。また、「しみ布団」を急いでつくらなければいけませんでした。「しみ布団」というのは、綿ではなく藁《わら》を詰めた布団のことです。藁の断熱性のおかげでしょうか、この布団は表現のしようがないくらい暖かく、羽根布団がなかった時代の最高の寝具でした。

漬物を漬けることも女性の重要な作業でした。私が子どものころ学校から帰ると、台所の床に敷いた簾《すだれ》の上に、小間切れにしたカブの山が置いてありました。「こまがづけ」にするのです。これには甘酒を入れるので、数日で食べることができました。冬の漬物のはしりです。

ダイコンの「ごっくら漬け」も甘酒を入れて漬けました。このあとには、「ヘラナ」や「カラシナ」などをやや小さい樽《たる》に漬けていきます。大量に仕込むのはハクサイとダイコンの漬物で、いちばん大きい「こが」（樽）に漬け込みました。

丸のままのダイコンとハクサイを交互に入れ、川から運んだ玉石で重石《おもし》をかけます。真冬にダイコンを取り出して切ると、氷の玉が出てきたものでした。

最後に漬けたのは「でご漬け」（ダイコン漬け）で、沢庵《たくあん》漬けのことです。及位《のぞき》では「た

「大根洗い」　伊藤 武　尋５

「大根あみ」　伊藤武雄　高２

ぐわん漬げ」ないしは「だぐわ漬け」といい、それは「たくわえる漬物」という意味です。「でご漬け」は、米糠《こめぬか》をたっぷり使いますので、しばらく漬けると白いダイコンは黄色く変色します。また、漬かったダイコンを縄で編んで梁から囲炉裏《いろり》の上に吊るして燻《いぶ》すと、風味のよい保存食になりました。囲炉裏を囲む生活様式が失われた今の時代、この漬物をつくることができなくなってしまいました。

仏さまの大好物カブの浅漬けは、春の彼岸のころにつくってお供えします。春まで土の中で保存しておいたカブを取り出し、皮を剥《む》いて薄い輪切りにし、その上から味噌《みそ》を溶かした湯を注ぐだけの簡単な漬物です。冬季間不足しがちだったビタミンを摂取する、生活の知恵だったのかもしれません。

子どもの仕事

私の子ども時代、いつも何か家の手伝いをしなければいけませんでした。朝のあいだに藁《わら》を何十束、「押し切り」っていう道具を使って、馬一匹（頭）分の馬草を切りました。そうして一二、三歳になるころには、すでに家の労働力の一部に組み込まれていました。（蚕に）クワを与えるのは、子どもにはできませんでした。でも、「あとたて」といってクワの筋や蚕のフンを一日に一回取り替えるんですが、学校から帰るのを待ち構えていて、

「子守学級」© 新庄市

やらせられました。しかも、フンをためる「蚕沙箱《さんさばこ》」は、二〇〇枚くらいあったと記憶しています。それと、その糞を箕《み》に入れて肥塚《こえづか》まで運ぶ仕事、それから菰《こも》を取り替えるのを手伝ったり、網を乾燥させたり、そういう仕事をしました。

近所の女の子を雇ったので、私はあんまりやりませんでしたけれど、子守りもやりました、妹をおんぶして遊びにいきました。夏休みですと、小学生を朝から頼めるわけですけれど、一日中の子守りは飽きますから、子どもたちには無理でした。だから夕方の忙しいとき、ひとシーズン来てもらって米いくらとかで頼んだようです。

三月になると、委託林[*1]の焚《た》き木切りがはじまりました。それは二週間くらいかかりまして、橇《そり》で

［註］

1　「国有林野の保護上必要と認められる時は、委託林制度が利用された。これは市町村またはその一部に林野の保を委託し、その代償として林野の産物を譲与した制度である」（国有林野法第十八条）。林業発達史調査会編『日本林業発達史　上巻——明治以降の展開過程』三四四頁、林野庁、一九六〇年。

「こもり」　塩野カネ　高1（887）

「野ら帰りを待つ子ら」　植松幸吉　尋5

運ぶときの後押し、それが子どもの仕事でした。親父が山に行っていましたから、学校から帰るとおやつを持って山まで迎えにいくのです。帰りはかならず橇の後押し、三月の雪が消えかかるとき、うちまで全部橇で運ぶのですが、それがまた重労働で、大人が引っ張るのを子どもが後押しするんですよ。それに、行かないと叱られる。

農家の場合、肥引《こえひ》きというのがありました。春先、それはたいてい山の薪切りが終わったあとの仕事で、四月の初め、雪の消え具合を見ながら穴を掘って堆肥《たいひ》を入れる、一枚一枚の田んぼの大きさが違うから、田んぼによって穴の数が違う、（雪の深さが）六〇センチくらいだとちょうどいいんですが、一メートルくらいあると大変で、でも毎年だんだん上手《じょうず》になりました。

「リヤカーをひく」　元木光雄　高１

田植えのときですと、車のなかった時代は、苗代から田んぼに苗を持っていくのは子どもたちの仕事。田んぼに縄を張るのも子どもの仕事。ですから三年生以上は、さつき（田植え）休みっていうのがありました。それから春先、裏山に行って枯れ木拾いをさせられました、薪に使うのに。
冬には俵を編むための縄綯《なわな》いをさせられました、とくに冬のあいだ。夏の縄ですと子どもはなかなか綯えません、太さが違いますから。縄にはいろいろあって、いちばん細くて弱くてもいいのが、炭俵を編むために使う縄、「だづ編み縄」です。炭焼きのとき、俵装《ひょうそう》に使う「かがり縄」もあまり丈夫でなくてもいいんです。

炭俵を縛る縄、力を入れて炭俵をぎゅっと縛りますので、大きくなってそれを綯えるようになると一人前《ひとりまえ》です。

いちばん難儀なのは「はさゆい縄」で、稲を掛ける横木を長木に縛りつける縄、それは丈夫でなければいけません。もうひとつ弱くてもいいものには、「そがき縄」というのがあります。「そがき」というのは雪囲いのことなんですが、束にした茅《かや》を立てかけて縛り付けるわけです。縄綯い機が普及するまでは、子どもでも綯える縄を綯わせられました。

なわない

おがめ　おがめ
なわ　なえ　なわ　なえ

縄の端と「親戚の端は捨てるな」と格言に在るほど、縄は大事な生産と生活の資材でした。

縄の備蓄がおおいほど、勤勉な家とされる時代でした。

子どもたちの農作業への参加は、野菜の虫拾いと、田植えの苗運びと、縄ないから始まったのです。小さな掌の皮が痛くなった記憶が強いのです。

（『記憶の中の旋律　及位の童歌』）

「夜しごと」　森谷清太　尋６

「なわない」　梅津繁美　高１

「雪ふみ」　浅野目隆　尋6

もうひとつ必要な仕事は秋、スギの葉っぱ、春新しい芽が出て枝が伸びると、秋に古い葉っぱが枯れて風で落ちる、それを拾い集めて束ね、持って帰るのが子どもの仕事。そのほか、スギの葉拾いといって囲炉裏《いろり》の焚きつけ、それをひと冬必要な分だけ集める、などがありました。

冬季、いちばん大事な子どもの仕事は雪踏みです。今ですと除雪しますが、昔は家から裏の道まで毎朝雪が降るたびに踏み固めて道をつくりました。雪踏みには「俵沓《たわらぐつ》」っていう独特の沓《くつ》を使いました。子どもの足にすれば腿《もも》のあたりまで届きます。そして短い沓を履いたままそれを履いて、トントントントンと踏み固める、朝、ごはん前に。

昔は外の小屋まで雪で埋まりましたから、家から裏の道へ出る道と、小屋の後ろの薪小屋、前の水小屋を全部つなぐ、子どもにとってはひと仕事でした。とくに深い雪が降ったりすると、足を上げるのも大変でした。雪踏みは、雪が降った朝の、おもに男の子の作業でした。

　それから「門払い」といって、雪踏みとは別に、家の玄関から階段をつけていく作業がありました。屋根の雪下ろしもあります。子どものときは、庇《ひさし》の雪とか、小さな小屋の雪とか、小学校高学年になると屋根の上まで上がりました。茅葺《かやぶ》き屋根を傷つけないようにするのは大変でした。そして、その降ろした雪を除《の》けるのも、またひと苦労でした。

「雪道つくり」　結城政蔵　尋6

　共同作業ですと、まずお葬式の人夫、部落で誰かが亡くなると一軒で一人ずつ出る決まりでした。それは「一人《ひとり》前《まえ》」といって、葬式若勢《わかぜ》（人夫）の代名詞でした。山からタケやホオ（朴）の木を伐ってきたり穴を掘ったりと、埋葬の準備作業に当たりました。そのほかに、その日お墓に行く遺族と和尚さんの履き物をつくるのも若勢の仕事でした。
　その次に、一五、六歳の少年でもできた仕事に、営林署の義務人夫というのがありました。「地《ち》ごしらえ」といって、炭を焼いたり薪を切ったりしたあと、山が木の枝で散らかっているので、それを片付ける、そして柴なんかまだ生えていますので、それを切ってスギの木を植える準備をするわけです。

それからスギの苗木の植林、それと植えたあとの下刈り作業がありました。山で木を伐ってそれを橇で運び出すというような仕事、技術と力の両方いる仕事は、子どもは大人の七割というような賃金で雇われることもありました。

そのほかに、村の義務人夫っていうのもありました。義務ですから無償労働です。ナメコの原木のある山道をつくるときとか、利害が絡んできますでしょ。そういう場合、男手がなくて女性が出たときは、「出遅れ」といって、お金を払う必要がありました。

第五章

零細農家の子どもと女性
——Kさんの生活史

「南瓜」

ねじろ

よってん　ねんじろ
てんねんじろ
いわしこ　くでがら
ふごもてこい

「ねじろ」とは、貂（てん）のことです。
煮干しを食べたいのなら、「ざるを持ってこい」と、おかみさんは、見えない相手に呼びかけたくなるのでした。

幼い日の記憶

本章では、私が修士論文執筆のために聞き取りを行ったＫさんの語りから、戦前期の東北農村の、零細農家の生活の一端を観てみたい。

Ｋさんは、大正九年（一九二〇）安楽城《あらき》村平枝《ひらえだ》地区の生まれで、私がご自宅を訪問した当時、八四歳だった。佐藤壽也《さとうとしや》氏の八歳年長である。Ｋさんの生家は、両親と、姉三人、弟二人、そしてＫさんの八人家族であった。Ｋさんの話では、家では母親が三反歩《たんぶ》（約三〇〇〇平方メートル）ばかりの田んぼを小作していたという。

　まず（父親は）山仕事か雇い取りみてーなことしていたもんだが、何しったんだかわからねー（何していたのかわからない）もんだけ、おれ一〇（歳）なっとき（父親が）死なったもんだから。

父親の記憶は不鮮明であるし、Ｋさんが小学校入学当時、姉たちは家にいなかったので、どこか奉公にでも行っていたのではないか、ということだった。

村内の小学校に入学したものの、Ｋさんは小さい弟を負《お》んぶして学校に行かなくてはならなかった。当時、乳幼児の世話は、老人か年長の子どもの仕事であったが、家に高齢者がいなかったため、小さい弟の子守りはKさんが引き受けざるをえなかった。そうしなければ、母親が働きに出ることができなかったからである。Kさんの家族にとっては、子守りは手伝いの範囲を大きく超え、一家の働き手および将来の家長を守り育てる重要な仕事だった。

Kさんは弟を負んぶして学校に行くのはとてもイヤだった。赤ん坊が泣くたびに、先生から外に出るように言われたからである。それでも学校には行きたかった。

たった三冊だぜ、それ、できねかったんだ。

縞《しま》の風呂敷に包んだ三冊の教科書を毎朝石臼の中に隠して、学校に行ける機会をうかがったが、その日はついにこなかった。それが今でも辛くて悔しい。結局、入学後三日間しか登校していないので、今でも読み書きができない。

一〇歳のとき、父親が事故で他界したため、Kさんは近隣の部落の大きな農家に子守り奉公に出された。昭和五年（一九三〇）ごろのことである。戦後の「いわゆる人身売買」調査報告書における奉公契約書について、労働省婦人少年局が「仲介者の手によって受入先に周旋された場合、まず親と雇主のあいだに契約がとりかわされるのが普通である」[*1]と述べているように、子どもの労働契約を締結する場合、親または保護者と雇主とのあいだで、期間や前借金額などの労働条件が決められるという慣行が戦前から続いていた。Kさんの場合にも同様の約束が交わされていたものと推測されるが、幼かったKさんは知らされていない。もちろん、幼い子どもの場合、給金はなく、衣食住の保証のみで、契約書があったかどうかでさえ不明である。

後述するが（二二六頁）、上の画には「野をゆく人」というタイトルがついている。しかし、私には奉公にいく妹を姉が見送る場面にみえる。

「野をゆく人」　植松ワカノ　尋６

［註］
１　労働省婦人少年局『年少者の特殊雇用慣行――いわゆる人身売買の実態』九二―九三頁、昭和二八年。

子守り奉公

（奉公先は）おっきい農家でった。あのほら、馬二匹おいて、ほして若勢《わかぜ》＊2どってホラ二人おいて、お蚕《こ》さまもこがた、ここの家でな、この蚕もおぐかった。

ここの家、ちょうど一〇なっとき行って、五年いで来たんだ五年。女の子ふたり、負《お》んぶして育ててきたんだ。

ほれ昼間にャほれら、あの子守り着るのこしれてもらって、おんぼこ負んぶして、おしっこ、今でいうと、四角なゴムかっぱ、ほれでくりーっとくるむばりな、おしっこたらされっと、（背中を指して）こんだここぶっとぶべ。ほしっと、この着物濡れっべや、わーの着物。

おしっこしかけらったってゆうと叱《しか》られっから、知らねー顔して、ほのぬった着物を着て、

（奉公先は）大きな農家でした。馬も二頭飼って、それに若勢（使用人）も二人雇って、お蚕《こ》さまも、ここの家ではね、蚕も飼っていました。

ここの家には、ちょうど一〇歳になるときに行って、五年いました、五年。（その間に）女の子をふたり、負んぶして育ててきました。

明るいうちは、子守りが着るねんねこ半纏《ばんてん》をこしらえてもらって、赤ん坊を負んぶして、おしっこ、今でいうとゴムのおむつカバー、それでくるっと包《くる》むだけなのでね、おしっこされると（背中を指して）背中に飛ぶでしょう。そうすると、この着物が濡れるでしょう、私の着物。

おしっこをかけられたって言うと（主人に）叱《しか》られるから、（知らない顔して）濡れた着物

寝てて乾かしたもんだ。｜を着て、（夜）寝ながら（自分の体温で）乾かしたものです。

奉公先は生家から歩いていける距離だったため、ときどき家に帰ることが許された。そのときは前の夜から、

あー今晩のご飯と（次の日の）朝までのご飯と、明日はうちさ（家に）行ってご飯食えんなー。

と、特別なご馳走《ちそう》があるわけではないが、母親や兄弟に会えることと、家族揃《そろ》って食事できる喜びに心躍る思いで、朝になるのを心待ちにしていた。

［註］2　「秋田県南部の穀倉地帯などで農家に雇われた若い作男。農業労働者として雇われた奉公人。後背地の山村から集まってきた若者と雇い主との間に直に話がまとまると、その場で伴って帰る習慣であったと伝えられる。年の暮れに立つ市で、冬季用の生活用具や食材などが商われる傍ら、若勢となる約束が成立する。その際、若者が藁叩槌などを手元におき意思表示などをした。この市を若勢市ともいった。角館付近では、一年を通して住み込むのをソウゾクワカゼと称し、月米一俵（年間十二俵）分が給された例があった」福田アジオ他編『日本民俗大辞典　下』吉川弘文館、二〇〇〇年。この文脈では作男・作女などの農業労働者を指している。

「こもり」　森谷庄三郎　高１

Kさんが生まれた大正九年（一九二〇）は、日清戦争・日露戦争に続く第一次世界大戦後の軍拡を軸とした国家財政の急激な膨張による増税・葉煙草《はたばこ》専売化、市場拡大による米価高騰などによって、農村経済も深刻な打撃を受けて、農民層は困窮していた。

このような日本経済の激動期に、Kさんは少女時代を過ごした。Kさんの一家は零細な小作農家だったため農業は母親が行い、父親は不安定な賃仕事に従事するという生活を余儀なくされたのだろう。

さらに、その頼みの父親の死亡という不幸に際し、学齢期にあった彼女が子守奉公をして自分で生きていかなければならなかったのである。親元を離れて雇われていく幼い娘と、その娘を奉公に出さなければならない母親の心情は察するに余りある。

女中奉公

一五歳になったKさんは、年季が明けると家に帰ったが、すぐ新庄の下宿屋に女中奉公に出された。この下宿屋は地区の小学校に勤務する先生の実家であって、この先生がKさんの家の近所に下宿していたことから、本人から直接奉公の話があったらしい。

ここにはちょこっとばりいてきたんだわ、たんといねかったんだわ、一年ぐれーもいねかったもんだっけかな。

すぐ県内大石田に、二度目の女中奉公に出された。

大石田の奉公先は、老婆が経営する食料品店だったが、息子夫婦は共に身体障がい者であり、二人とも両膝が曲がらないため、家事使用人を必要としていた。Kさんはこの家の主婦に代わって炊事・洗濯・掃除など、こまごまとした日常の家事を担当した。とくに辛かったのは、冬場の屋根の雪下ろしと、特製の大きな風呂を毎日沸かすことだった。

まんず雪が降るんだわ、大石田ってとこは。	本当にすごく雪が降りました、大石田ってところは。今はそれほど降りませんが、すごくね。
今は降らねべども、まずまず。	

ほんてー屋根の上さ、あの橇《そり》上げて、ほして橇さ雪つけて、ほして裏、また最上川の近くさ、この橇さつけた雪なげてきたんだわ。一日何回も、裏から。

めーさ落とさんねーんだ雪。ああいう難儀したもんだなーって思って、今かんげーられる。

オレ行ったときな、まずまず、夫婦で、こいうはんでの下さ、あすジャンと、奥さんがこっちゃから脚と、旦那さんがこっちゃから、二人この膝かぶ曲がらねなんだよ。

奥さんの脚、こいうもんだから、なにもしねーべや。だけほら、お勝手《かって》のことして、あっちさいてこ、こっちさいてこっていえば、こまづけーみてな。ほしてみな子どもんなから、奥さんと旦那さんのあの、洗濯みなして、干

ほんとに、屋根の上に橇《そり》を上げてね、それからその橇に雪を積んで、そのあと裏の、最上川の近くに、橇に積んだ雪を捨ててきたんです。一日に何回も、裏から。

前には落としてはいけませんから、雪は。あんな難儀をしたものだなーって、今思い出しています。

私が行ったときね、夫婦で、飯台の下に、脚をジャンと、奥さんがこちら側から脚と、旦那さんがこちら側から、二人とも膝が曲がらなかったんです。

奥さんの脚、そういうふうなので、何もできないでしょう。ですから、(私が)台所のことをして、「あっちへ行ってきなさい」「こっちへ行ってきなさい」って言われると、小間使いのようにね。そして、子どものから、奥さんと旦

してくって、したもんだ。

ほしてな、こゆう卵型みてだ、おっきい風呂、あの木風呂、ほして煙突、鉄砲釜、煙突でったこの風呂が。

ほしてあれ、石炭で沸かすの、網はずってな。しぶん紙まるけて、下から火つけてったもんだ。まんずまんずあの風呂わがすなくろでった。

不思議だなよ、オレ、ほんてーあれ不思議だと思って。ありゃ何もすねでなや、身体障がい者みてで、お金もらって使ってなんだべや。あいうふうに仕事すねもんだでなや、ほんだでえーとオレ今かんげーられるなよ、ほの時はなんにもかんげーなかったどもなや。なんにも仕事しねーべよ二人、あすこいう風なんだもん。

那さんの洗濯もみんなして、干してあげたものです。

そしてね、こういう卵型みたいな大きな風呂、あの木風呂、そして煙突、鉄砲釜、煙突でした、この風呂が。

そしてね、石炭で沸かすの、網を外してね。新聞紙を丸めて、下から火をつけたものです。本当に、あの風呂を沸かすのは苦労でした。

不思議なのよ、私、本当にあれは不思議だと思います。あれは何もしないでね、身体障がい者みたいで、手当をもらって使っていたんですね。ああいうふうに仕事をしないもんでね、そうに違いない、と今は思います、そのときには何も考えませんでしたけれどもね。なんにも仕事しないからね二人、脚がこういうふうでしたから。

懐かしさと同時に苦労した日々を思い出し、どうやら主人夫婦は障がい者手当てを受給しながら、女中を雇って生活していたのではないか、ということに思い至った。貧しい自分は身体が丈夫であるばかりに辛い女中勤めをしなくてはならないのだ、といったような複雑で割り切れない思いに駆られたらしく、涙をみせた。

「雪かたづけ」　杉浦弥平　尋６

「風呂たき」　結城敏男　尋５

機場で奉公

Kさんは、一八歳でいったん家に帰った。が、すでに五年年季で愛知県の織物工場への奉公が決められており、しかも母親が三〇〇円を前借していた。それ以前、芸者になる話もあったというが、

やんだ、おれ、そこさ行きたくねーは。

ということで、Kさんは頑としてそれには応じなかった。

（語気強く）たった三〇〇円でだぜ、売らっていった、売らっていったとおなしだべ、（母が）金とったもんだがなや。

父親いねだし、母親いたども、オラのそれこそガッコさもへらんねで、一八なっとき行ったんだ名古屋の機場《はたば》さ。

Oの人、オラとこ世話してくったの、芸者

（語気強く）たった三〇〇円ですよ、売られていった、売られていったのと同じことでしょう、（母が）お金を受け取ったのですから。

父親はいないし、母親はいましたけれど、私なぞそれこそ学校にも行くことができずに、一八歳のとき行ったんです、名古屋の機場《はたば》に。

O地区の人が、私を世話してくれました、芸

だかなんだか世話しくかった。オレ、やんだ、そこさオレ行きたくねーはってゆいゆいしたの。機場さいぐってゆったの。

ほのしと、Oの人、オラみてーな人連れて行くっつーと、ほっちの機場の旦那からいくら、あっちの旦那からいくらってお金もらえんだわな人連れていくと、んだべ。

三〇人ぐれーもいたかな、近くのかちゃんたちも来てんべ、仕事。

こゆう、ちょうど一間ぐれーの機械二台たがって、ほして、（糸を）こーかけんべ、ほして電気さ、ほしと、こいうベルトぐるぐるっと回って、ほのきけーこんだ、ガチャン、ガチャン、とぼられんだ。

なんてか毛の布みてえの、なんだか外国のほーさやんなだて。糸がねくなっと、こんだ

者だかなんだかを世話してくれました。私、「イヤです、そこには行きたくない」って何度も言いました。「機場に行きます」って言いました。

その人、O地区の人、私のような人を連れて行くと、そっちの機場の経営者からいくら、あっちの経営者からいくらってお金をもらえたのでしょう、人をつれて行くと、ですよね。

（機場には）三〇人くらいはいたかな、近所の奥さんたちも来てました、仕事に。

こういう、ちょうど一間くらいの機械を二台受けもって、そして（糸を）こーかけてね、そして電気のスイッチ入れると、こういうベルトがぐるぐる回って、その機械がガチャンガチャンと動きました。

何か毛の布みたいなの、外国に送るらしい。糸がなくなると、こんどはつながないといけな

つながなにゃもんねまた、な。（機械を）止めて、こて、ハタ結びって。

　いつも八時ってえばてんで仕事すっさけーな、その前にまま食べて、お昼なれば（機械）止めて、ほしてこっちさ、まま食べくるんだ。

　ほのご飯ぞなまた、茄子《なす》、皮むいて湯にした茄子、砂糖へったけな味噌、黒いもんだけ。この味噌つけて、この茄子のおかずなもんだけ、昼間。ほゆの食べてきた。

　ただ、お汁《つゆ》とほら、漬物と、ご飯ばりで。魚っていえばな、夜、鰯《いわし》、一匹、煮たな、ほれ食べてきた。


いからね。（機械を）止めて、こうしてハタ結びって。

　いつも、八時になると各自仕事をしますから、その前に朝食をいただいて、お昼になりましたら（機械を）止めてね、こっちのほうに食事に来ました。

　そのご飯といったらね、茄子《なす》、皮をむいて茹《ゆ》でた茄子、砂糖が入ったような味噌、黒かったから。この味噌をつけてね、こんな茄子のおかずでした、昼間は。そんなものを食べてきました。

　ただ、お汁《つゆ》とね、漬物とご飯だけで。魚っていえばね、夕食には鰯《いわし》を一匹、煮たの、そういう食事をしてきました。

戦後の子育て

Ｋさんが二一歳の六月（昭和一六年〈一九四一〉）、「ハハキトク」という電報を受け取っ

「働きへ」　森谷 勉　高１

たため、荷物も持たずに平枝《ひらえだ》に帰った。

名古屋駅から普通列車に乗ったのだが、文字が読めないため、上野での乗り換えのときには「山形行きはどの汽車ですか」と、間違えないよう何度も何度も駅員に聞いた。そのとき、文字が読めないことが本当に情けなくて、道すがら、わが子にだけは三度の食事を二度に減らしてでも教育を受けさせようと決心したという。

家に帰ると、母親は元気であった。じつは、Kさんの母親と、のちにKさんの夫になったIさんの母親とが二人を結婚させるべく謀って、ニセの電報を打ったのだった。

年季が明ける前だったが、結局Kさんはそのまま生家に残り、翌昭和一七年、二二歳でIさんと結婚した。

終戦間近になって、Iさんに赤紙（召集令状）が届いた。しかし、Iさんは盲腸炎に罹《かか》って、入院中の弘前で終戦を迎えたという。

二一なるころ、親と親との約束で偽《にせ》のデンポで呼ばらって。ワイさくるときの汽車賃は、自分が貯めたお金で来たわけ。ほのあたりだったって、急行ねくて、名古屋の駅からふんとに鈍行だもんだけ、ほの汽車賃も安かったで。

ほのときなんぼだったか、名古屋の駅で乗って、上野駅で乗りけしなけりゃ、青森行きさ。

（結婚したのは）戦争はじまったときだ。ちょうど私来たとき、ほら（夫のIさんは）木挽《こび》き仕事してた、手で引く鋸《のこぎり》、あのチェンソー昔ねーもんだけ、山仕事。チェンソー流行《はや》ってくるとほれ（木挽きの仕事）がねくなって。ほれまではずっと山仕事してた、泊まりがけで行って。

二一歳のころ、親と親との話し合いで、偽《にせ》の電報で呼び戻されました。実家に戻るときの汽車賃は、私が（雇い主からときどきもらった小遣いを）貯めたお金で来たのね。その当時、急行がなくて、名古屋の駅から、本当に鈍行だったものですから、その汽車賃は安かったです。

そのとき、いくらでしたか、名古屋駅で乗って、上野駅で乗り換えしないといけませんでした、青森行に。

（結婚したのは）戦争がはじまったときでした。ちょうど私が戻ったとき（夫のIさんは）、木《こ》挽《び》きの仕事をしていました、手で引く鋸《のこぎり》でね。昔はチェンソーがありませんでしたから、山仕事では。でも、チェンソーが普及しはじめると、木挽きの仕事がなくなってね。それまではずっと山仕事をしていました、泊まりがけで行ってね。

だって、子どもたちがっこさもへでもっていけば、お金とらねばしょーねべ。自分の子ども育てるときだで、（木挽きの仕事を）よっぽどしたべよ。

田んぼや畑は子どもとな、子どもとホラ、ワイで仕事した。

ワイんが田んぼさちょっとばりなもんだから、よそのえさも行って。今はきけーだけども、しょでにゃー手でこーして稲刈りしたり、さつきも手でゆえたもんだろ。

しょねーっていうか、酒田のほうさ、ここよりはえーんだ、あっちのほう田植え。

ほすっとな、ここさ行ったときゃ、夜明けて朝まのままくて、わらすたちさがっこさいくあたり、一服できたわ、ひと仕事すまして。

だって、子どもたちが学校に入って、お金を持っていきましたから、お金を稼がないと仕方ないでしょう。自分たちの子どもを育てるときでしたから、（木挽きの仕事を）ずいぶん長いことしましたよ。

田んぼや畑は子どもとね、子どもと私とで仕事をしました。

私のうちの田んぼはほんの少しでしたから、よその家にも行って。今は機械を使いますが、以前は手で、こーして稲刈りしたり、さつき（田植え）も手で植えたものですから。

庄内っていうか酒田のほうでは、ここより早いんです、あっちのほうでは田植え。

そうしますと、ここに行ったときには、夜が明けて朝食をいただいて、子どもたちが登校する時間にはひと休みできました、ひと仕事すませて。

一週間ぐれー宿さ泊まって、早くから仕事すっもんだから、手間（賃）もたけーわけ。

ここいる長男息子、中学のときさ修学旅行、東京のほうさ、中学二年のとき。（私が）山菜採り行って、山さ、真室川まで背負っていって、歩いて。ほしてな、山から山菜採ってここまでくっと、三時間かかるもんだけ。売って、ほしてほのお金で旅行行かせた。*3

よっぽど行ったべやーほんとき。じんちゃん（夫）寝てかったのよ。オレ疲れてなー、ほのあと、（私も）だいぶ寝たもんだー。

下のやろっこひとり、三年生んとき、小学校三年生んとき、山形さの旅行さいぐなった

一週間くらい宿に泊まって、早朝から仕事をするので手間賃も高かった。

うちにいる長男、中学のときの修学旅行、東京方面に、中学二年のとき。（私が）山菜採りに行って、山に、それを真室川まで背負っていって、（約一五キロ）歩いてね。それでね、山から山菜採って歩いてうちまで戻ると、三時間かかりました。それを売って、そのお金で旅行に行かせました。

ずいぶん長いこと行きましたよ、そのとき。夫が病気で寝ていたのでね。私、疲れましてね、そのあと（私も）ずいぶん長いあいだ寝ましたね。

下の息子ひとり、三年生のとき、小学校三年生のとき、山形まで旅行（遠足）に行くことに

［註］3　「考えろ修学旅行　当局の反省求む県労務課課長談」『山形新聞』昭和二三年六月一日によると、当時の小・中学校の修学旅行費用（一〇〇〇～二〇〇〇円）が高すぎるとの談話を発表している。

んだわ。

ほのー、山形まで旅行行かせんな、ひとり。オレよそにあのー、秋だもんで稲刈りにいって。ほしてほのやろっこが、「今日旅行行くんなだなー」思って、山の木さ上がって、ほのバスくんの見てたって。

ほれな、あとでからオレ言わったたっけ、はあーあれはな、なじょしても行かせっといかったなーこれ、とオレ思われんのよな。ほれ、あとでほのやろっこ言わったきゃー。


なったんです。

その、山形まで旅行（遠足）に行かせられなかった、ひとり。私がよそに、秋でしたから稲刈りに行っていて。その息子が、「今日、旅行に行くんだなー」って思って、山の木に登って、そのバスが来るのを見てたって。

そのことをね、あとから私は言われましてね、はあー、あれはどんなことをしても行かせるとよかったな、そう思います。そのことをあとで息子から言われたのでした。

時代の変化

戦後Kさん夫婦の子どもは、六人に増えた。家は三反歩《たんぶ》を耕作する農家であり、Iさんは木挽《こび》き職であった。

自称「山の専門家」である相棒の佐藤壽也《さとうとしや》氏によると、「木挽きは師匠について技術をマスターしなければならない職人であり、親子が師弟関係にあることが多かった。親方に弟子入りし、年季が明けると独立する。仕事は材木業者から請け負って、伐採夫らとチームを組んで依頼のあった山に出かけ、そこの仕事が終わるとまた別の山というように、あちらこちらの山を廻《まわ》った。冬仕事に木挽きをやる人もあれば、年中仕事の人もあった」ということである。

「稲刈り」　鈴木カツヨ　高１

森林地帯に位置する最上地域は、戦後の建築用材などの需要増大で山仕事に恵まれていたこともあり、Ｉさんの仕事は忙しかった。しかし、村もしだいに機械化の波に晒《さら》されるようになっていった。村でチェンソーが普及すると木挽きの仕事はなくなり、その後、高度経済成長期に入ったことによって、都市の労働力需要が増大し、Ｉさんは東京方面に出て三〇年近くも出稼ぎ生活を続けた。

子どもたちにはどうしても教育を受けさせたいと決心していたＫさんだったが、諸事情がそれを許さなかった。上の子たちは、卒業証書はもらったども、ほれこそ中学もろくろくへらねんだけなや、稲刈りだ、ビンボーして教科書代払えねくて。

農繁期には子どもたちも農業の手伝いで忙しかったり、教科書代が払えなかったりといった理由で学校を休みがちであった、とKさんは回想している。

次男は、中学校卒業後、東京で就職した。Kさんは家に帰りたいと訴える息子に、なんとか東京でがんばれと励ましている。昭和四〇年代のことである。

中学校卒業してすぐ、とうきょさ行ったの。中がっこ卒業したときな、（地元で）土方さ行ったもんだ。

ほして、「もういい土方、ここで仕事しね」っと、東京さ出はって仕事するっていたんだども、タイル屋したども。タイルはやらなくなったは。

ワイ貧乏なもんださけ、銭も送れねー、な

（次男は）中学校を卒業してすぐ、東京方面に（働きに）行きました。中学校を卒業したときね、（地元の）土方仕事に行きましたね。

そして、「もういい土方、ここで仕事しない」って言って、東京に出て仕事するって行ったのですが、タイル屋にね。タイル屋は不景気になりましたよ。

（そのとき）私が貧乏だったものですから、

んにも送れねかったんだわ。

　ほしたらな、「なしてとうきょさ来たっけか」って思って、便所さへって泣き泣きしたってな、手紙寄こしたっけさけな。

「おめ、自分がな、男が出はっていった限りはな、できね」ってゆいゆいしたの。ほしたら三年さ来ねかった。


お金も送れない、何も送れなかったんです。

　そうしましたら、「なんで東京なんかに来たんだろう」って思って、トイレに入って毎日泣いたってね、手紙を寄こしましたのでね。

「お前、男が出て行ったからには愚痴を言うな」って言い聞かせました。そうしましたら三年戻りませんでした。


　そのころの日本では、中学新卒者を乗せた集団就職列車が走っており、東北農村から都市圏の工業地帯へと、組織的、集団的に若い労働力が送り込まれていた。[*4] そんななか、昭和四〇年代、真室川《まむろがわ》町でもそろそろ高校進学者が増加しはじめた。『真室川町史』「中学卒業者」[*5]によると、昭和四〇年度の中学卒業者四七九人の進路は、高校進学者一六八人、就職者二三三人、その他七八人となっており、中学校卒業者の三分

［註］
4　労働省雇用安定課編『集団求人の実態――中小企業の労務充足のために』（昭和三五年）によると、昭和二九年、東京世田谷区の池尻商店街が傘下二十余店の求人六〇人をとりまとめて、渋谷公共職業安定所に申し込んだのが、その初めだとされている（四九頁）。熊本学園大学図書館所蔵。
5　真室川町「中学卒業者」『真室川町史』一〇九六頁。

の一が高校へ進学する時代に変わりつつあった。

現在

平成一五年（二〇〇三）当時、子どもたちはそれぞれ独立し、Kさん夫婦は長男夫婦と同居している。孫一〇人、曾孫三人にも恵まれた。末娘の子は県内で教師になって、Kさんを喜ばせた。読み書きができないKさんの自慢の孫である。

八〇もなんどもな、ほのときのこと思い出すと、はーあんときあいうふうで行ったなっていうとき、涙こぼってくるよ。だからって、やっぱし、ほれが、まだぼけねーからこの頭さ残ってるわけ、ん、残ってるわけ。

やっぱしうちがほの、仕方ねーために、よそさ離さったから、まずなや、だからこりゃ、あの、親のためだなーと思ってな。

八〇歳を過ぎましたが、そのころのことを思い出して、あー、あのときはああいう事情で行ったのだな、ってことに思い至ると、涙がこぼれてきますね。だってね、まだはっきりしていてボケていないから、頭に残っているわけ、ん、残ってるわけ。

やはりね、家が貧乏だったので、よそにやられたから、ほんとにね、だからこれは親のためだなー、って思ってね。

だからって、母親は感謝してだって皆言われるどもよ、やっぱしな、わーのちっちぇーときのこと思い出すっつと、ほんてー、涙こぼってくる。あーいうふうだくろーしてほれ、今日まで生きてきたなーと思うとな。

ほんでもよ、結婚して、子ども六人ももってなや、まだどこも身体もまずおっ病気もしねで、手術もしねで、ほして、子どもたちはみんなかたづて、何もほら、子どものことはしんぺーすることねーけんども、じんちゃんがおるでしょまだじんちゃんがな。

「バンバ、死ぬときゃいっしょげ、オレよりあと死にな」って、オレさ言うわけ。

だからって、じんちゃんとこ残して、オレ先ねくなったら、うちの嫁さんさ、やっけーかけるなーと思ってかんげーてる。

そしてね、母親は感謝してくれてる、って皆さんに言われますが、やっぱりね、私の小さいときのことを思い出すと、本当に涙がこぼれてきます。あんな苦労して今日まで生きてきたんだなーって思いますとね。

それでもね、結婚して子どもを六人も育ててね、まだどこも、身体も、大きな病気をしないで、手術もしないで、そして、子どもたちはみんな独立して、何も子どもたちのことは心配することはありませんが、夫がいますでしょ、まだ夫がね。

「バンバ、死ぬときは一緒にな、オレよりあとで死にな」って、私に言うんですよ。

ですからね、夫を残して、私が先に死んだら、嫁さんに厄介をかけるなー、って思って心配しています。

Kさんは八〇歳を過ぎた現在、穏やかな日々を送っている。孫たちの裕福な生活に幸せを感じる反面、自分の子どものときのことを思い出すと、自然に涙がこぼれてくるという。その一方で、八〇歳を過ぎても健康でいられるのは、まじめに働いたおかげであると信じて疑わない。

Kさんは、多少身体が弱って気弱になった夫を気遣いながら、長男のお嫁さんに自分たち老人の世話をさせたくない、という心遣いをみせた。

Kさんとは二〇〇三年以降一〇年ほどお付き合いをさせていただいて、彼女のやさしい人柄に触れた。

平成二五年（二〇一三）三月、彼女は九三歳の生涯を閉じた。ご冥福をお祈りする。

第六章 ❖ 農家の嫁

「水番」

あわどんじょ

みそ　しょっぺみそ　あわどんじょ
よなべの　どじょじる　うめがった
となりの　ばあさん　呼んだれば
みな食て　憎いちゃ　あのばんば
何ごどあっても　されかまぬ
みそみそ　あわどんじょ

「おいしいどじょう鍋ができたので、隣のばあさんにごちそうしたら、残らず食べられて当てが外れた」という歌です。

まきこさんのこと

本章では、佐藤壽也《さとうとしや》氏が「嫁して三年、子無きは去る」という慣習があったとだけ述べた婚姻習慣の一端を、隣村在住で壽也氏と同年生まれの女性の語りから観てみよう。これ

「田植えのころ」　吉田繁徳　尋６

により、イエの存続と大規模農家経営とがどのように行われたのか、昭和前期における東北農村の女性の地位はどのようなものだったのか、具体的な姿の一端を知ることができる。

ここで採用するのは、私の修士論文執筆にあたってご協力いただいた、まきこさんの語りである。聞き取りは二〇年ほど前、数回にわたって一〇時間あまり行い、課題に沿った編集を行ったのだが、方言の壁によって理解不能な箇所は削除した。今回、ご家族の了承を得て本書で採用させていただいた。

彼女は旧及位《のぞき》村の隣安楽城《あらき》村（現真室川《まむろがわ》町安楽城地区）の出身で、昭和三年（一九二八）生まれ、

今年（令和四年）九六歳で、壽也氏の友人でもある。二二歳で村内平枝《ひらえだ》地区に嫁にきた。安楽城は比較的耕地が広く、真室川町ではいちばん豊かな地域だという。まきこさんの生家は安楽城村でも大きいほうの農家で、家族は両親・祖父母・曽祖父母・子ども八人、合計一四人の大家族であった。

昭和の初め、田の耕作は、人力以外は馬《ば》こ掻《か》き程度で、農業は手作業が中心だった。したがって、耕作面積が広いことはそれだけ人の手を要した。大規模農家では、一部を小作地として貸し付けたり、住み込み、あるいは期間若勢《わかぜ》*1を置くこともあったが、まきこさんの家では家族全員が労働団となって農業経営に当たっていた。

彼女によれば、長兄はたいへん人を使うのが上手《じょうず》なうえに思いやりのある人格者で、兄弟たちを褒めて上手に使ったり、夕方早いうちに作業を終わらせて楽をさせるなど、巧みに作業の指揮をとっていた。家には年寄りもいたので、まきこさんは家事や子守りなどをする必要はなかったと回想している。

大規模農家の生活と子どもの仕事

実家の耕作地が広かったので、米だけは豊富で、まきこさんには糧飯《かてめし》（米に野菜や雑穀を混ぜて炊いた飯）や笹米《ささごめ》（笹の実）を食べた経験はないが、毎日泥まみれで農作業に追われて忙しく、土方仕事にも、ましてや年季奉公にさえ出ることなどできなかった。

家はおっきい農家だもんだけな、学校あがっと百姓手伝って。馬でなんだほら田起こし、牛から馬から田三町歩《ちょうぶ》、山から畑からあるもんだけ、がっこ出てから家の手伝いばりして、どっさもではらねで家で百姓した。

みんなしょうがっこ出て、百姓さてんでして、百姓おっきもんだけ。みんな笹米《ささごめ》食っただの、だいこんぱ食っただのすね。どこさ、土方も出はれねもんだ。

家は大きな農家でしたので、学校から帰宅すると（すぐに）百姓の手伝いをしました。馬を使って田を耕すなど、牛や馬の世話もありますし、田は三町歩《ちょうぶ》、山や畑もありましたから、小学校を卒業してもどこへも行かずに家で百姓をしました。

（兄たちもまた）小学校を卒業すると、みんな家の農業に従事しました、大きな農家でしたから。私たちは笹米《ささごめ》（笹の実）や大根の葉を食べるなどという経験はありませんでした。（その代わり）毎日が農作業で、土方作業（のような賃仕事）にも出ることができませんでした。

［註］1　福田アジオ他編『日本民俗大辞典　下』吉川弘文館、二〇〇〇年。この文脈では作男・作女などの季節農業労働者を指している。

おれの実家のほではみなわいの田でな。今、除草剤あっさけ、かますしといねども、しょでにゃ除草剤ねもんだけ、草取りだっていうと、一番草取っとまたおいるもんだけ、二番草取っときゃ、こんだ、顔さ（稲が）つかかるもんだけ、顔の形した網の面かぶって、こんだ爪減るもんだけ、爪っこ、金だな、金の爪っこあるんだ、ほれ当てて（草を）取ったもんだ。

ほして暑くて、六月までさつきかかってな、七月、盆がくるまで、あつべや。七月・八月、そんとき、こんだフキの葉背負って、おっきな、ほれ背中さ背負っていっぱい。昼間までだとボナーっとなるもんだけ、茣蓙《ござ》っこ着て、ほれ着て日よけ、ほれ着てかましたもんだ。

あのあたりスボンねくて。ゆえした、着物も買わんねかったべー。てぬぎーもねくて、

私の実家は自作農家でした。今日では除草剤が市販されていますから、手作業で草取りをする人はおりませんが、以前は除草剤がありませんでしたから、草取りっていいますと、一番草を取るとまたすぐ生えまして、二番草を取るときには、顔に（稲が）かかりますので、顔の形をした網の面を被って、（また）爪が減るので、金の爪を当てて（草を）取ったものです。

それで暑くてね、田植えが六月までかかってね、七月、盆がくるまでは暑いでしょう。七月・八月、そのときには、大きなフキの葉をいっぱい背負って（作業しました）。でも、昼ごろにはフキの葉がしんなりするので、（そのときは）茣蓙《ござ》を被って日よけにして草取りしたものです。

あのころ、ズボンなんかなくてね。着物も買われなくてね。手拭《てぬぐ》いもなかったので、代わり

晒《さらし》なや、ほして鉢巻してほっかぶりして百姓したもんだ。

　オラこそ、うらっていかんねけどよ、馬でなんだほら田起こし、がっこ出てから家の手伝いばりして嫁にいくまで。オラたちゃちゃっこいときから、百姓ばりで難儀したもんだ。

　わいでは勝手して、親ばさまいるもんだしなや。朝まま食《く》(う)と田さいて、田からあがって来《こ》ばおれの跡取り兄(長男)ちゅんだな、きょうでーたち、みな使うなだもんだで、まず上手にオラとこ、まず上手にオラとこ、ごしゃかしねよに、使って、えそこいで使うもんだけ。

　ほして、みんなあがらねうち、晩方だって日のあるうち(自分を先に)上げておは、日のあるうちいちばん先だかったんだわ、オラ

に、晒《さらし》で鉢巻と頬被《ほおかむ》りをして百姓仕事をしたものです。

　私こそ年季奉公に出されたという経験はありませんが、馬を使って田起こしなどして、小学校を卒業してからも家業の手伝いだけやって、嫁に行くまで。私たちは子どものときから百姓ばかりで苦労したものです。

　自分の家では(わりあい)自由でね、母親も一緒でしたからね。朝食をすませると田んぼに行って(作業し)、田んぼから上がると、長兄が私たち兄弟を怒らせないようにお世辞で持ち上げて、うまく使ったものです。

　私なんか、夕方、まだ明るいうちに、いちばん先に田から上げてもらいましたよ。

なんか。
よまま食ったって、まだ明るいもんだけ寝てらんねもんだけ、人の家のスモモもぎ。なんにもくもんねーだけ。

映画なんて観ることとんなく、青年学校ばり楽しみでな。一年・二年・三年まであんだわ。ほんとき、おんなじくらいの人が集まって、(学校の)畑の草むしりから、体操したり、話したり仕事の話だな。勉強もしったもんだべっちゃなや。

わ、仕事しながら青年学校さ行くべと思って仕事するもんだけな、なんにもヤンダくもねくてな。ほれ楽しみでよ、学校、週二回とか、ひと月二回とかってな。ほれが楽しみで百姓

夕食をすませてもまだ明るくて寝られませんでしたから、私は近所の家のスモモをもいで食べたりしました。当時は何も食べるものがない時代でしたから。

映画なんか観ることはできませんでしたが、青年学校に行くことだけが楽しみでした。青年学校は一年・二年・三年までありました。そのとき、同級生たちが集まって、おしゃべりしながら(学校の)畑の草むしりをしたり、体操や学習もしたと思うけど(それははっきり記憶していません)。

私、(家で)農作業しながら次の青年学校開校はいつかな、などと考えながら仕事をしましたから、百姓がイヤになったことはありませんでした。それ(青年学校)が楽しみでね、(青年)

すること。

雑誌好きなもんだけ、手ランプひとつ枕元さ置いてよ、ほれで本読んだ。少女マンガから、小説めちゃこいの、捕りもの、探偵もの。『のらくろ』なの買えねくて、がっこさ行くと貸し合ってよ。わ、買ってもらうと、これ見たさけ、おめーの見せろやとて、貸し合って、な、ほして見たもんだ。

ほしてこんだ戦争当事だもんだけ、飛行機飛んでくっと竹やりたがって、進駐軍がくっと、ほれで突いたもんだけ、せんそーめーだな。一七、八だっけ。

ほんとき、義勇軍さいた人いたな、ほさいた人たち二、三人いたな。

学校、週二回とか、ひと月二回とかってね。それが楽しみで百姓しました。

雑誌が好きだったものですから、夜、手ランプを枕元に置いて本を読みました。少女マンガや小説、短編、捕りもの・探偵もの。『のらくろ』なんて買うことができませんでしたから、青年学校に行くと貸し合ってね。私が買ってもらうと、「これもう読んだから、あなたのを見せて」などと貸し合ってね、読んだものです。

でも、その当時は戦争中でしたから、飛行機が飛んでくると竹槍抱えて、進駐軍がくるとそれで突いたものです、戦争前だったかな。一七、八歳でしたかしら。

そのとき、（満蒙開拓青少年）義勇軍に（志願して満州に）行った人が二、三人いましたね。

彼女は小学校を卒業して青年学校に通った。昭和一二年(一九三七)に日中戦争がはじまって、日本は本格的な戦時体制に入っていたが、このころがまきこさんにとって、いちばん楽しい青春時代だった。学校が息抜きの場だったのである。

青年学校に行く楽しみは格別だったようで、そのことを考えると百姓も苦にならなかった。休み時間には雑誌や漫画本を貸し合って読んだり、仕事や気になる男性の話をしたり、草むしりなどの作業・体操・竹槍の練習などをした。百姓の仕事は忙しくて大変だったと言いつつも、楽しい少女時代を過ごしたことが伝わった。

嫁の苦労

昭和二五年(一九五〇)、二二歳のとき、まきこさんは親同士の話し合いで、平枝《ひらえだ》地区に嫁にきた。部落でいちばん大きな農家の長男の「むさかり」(婚礼)は、さぞにぎやかだったことだろう。戦後の混乱から多少落ち着きを取り戻しつつあった時期である。大きな農家の長男である夫のYさんは、高等小学校の同級生で仲良しだった。そのうえ優しくよく働く人であったことを、まきこさんの話からうかがうことができた。

しかし、生家で比較的自由な生活をしていた彼女が、四組半(まきこさん夫婦・両親・祖父母・夫の父の弟夫婦・父親の母)も夫婦がいる大家族のなかに入って生活することは、たいへんな精神的苦痛を伴うことだったようだ。新婚当初、その苦労に耐えきれず、約一〇キロの道程を歩いて四回も実家に逃げ帰っている。

朝は暗いうちに起床して食事の支度《したく》、実家とは勝手の違う農作業に年寄りの世話と、休む暇もないうえ、何かにつけて陰口《かげぐち》や小言《こごと》をいわれる。とてもここでは務まらないと思っ

「馬で代かき」　吉田繁徳　尋６

「稲かけ」　杉浦久八郎　尋６

たそうだ。

こんだよ、実家からこっちゃさ嫁にきたればこだ、ひとあどまで仕事だ。田は、オレ来たとき三町歩もあった。山だって一町歩、二町歩あった。

親ばんちゃいくねくて、うんとやかましい人で、年寄りたちゃほら、くんじゅから八〇（歳）からなるだべ、だからうんとくろしたんだ。

風呂だって、人の家さ来て一四人もいるもんだけ、みなへってからんねば、へらね感じしてたのよ。

こっちゃな（叔母は）おんぼこかんつけて、早くへって寝ろとっていうと早くへて寝んだ

（安楽城の）実家からこちらに嫁にきましたら、大変な農作業が続きました。私が（嫁に）きたとき、家には田が三町歩もありました。山も一町歩から二町歩もありました。

姑さんは意地悪な人で、大変、口うるさい人で、（そのうえ）年寄りたちは九〇歳から八〇歳にもなりましたから、（その世話で）本当に苦労しました。

お風呂に入るときなど、家族が一四人もいましたから、（嫁にきたばかりの私は）全員が入ったあとでなければ入れない、と思い込んでいましてね。

（ところが）叔母は子どもが小さいので、（姑から）早く入って寝かせなさい、と言われるの

おは。すっと朝まにゃはえーおは。

すっとオレなー遅く起きる、起きれねくなんのよ。ほしとまま、ちゃんとできてなってておは。すっとこだ、どこそこの嫁は早くて、ままなのちゃんとできて、ってこんだ意地悪言うのよ。

ほしてこりゃ、よー夫婦半だぜ。よく行ったもんだぜ。

いれねーこいうとこいれねーって言うと、逃げ逃げして（笑）、歩いてだぜー、バスねーもんだけ、ほして逃げてったもんだ。

二、三日すっとまた朝まかえって。おんぼこもおんぼこだもんだ。逃げてっても旦那もむけ来たし、旦那のおととも、あんべさあん

をよいことに、早く入って休みました。ですから、朝は早く起きられます。

でも私はそう早くには起きられないのです。そうしますと、朝食の用意ができていましてね。するとと今度は「どこそこの嫁は早起きで、朝食などちゃんとできてる」なんて、意地の悪い嫌みを言われました。

そして、四夫婦半ですよ。こんな家によく嫁に行ったものだと思います。

私は「もう我慢できない」って、（一〇キロも先にある実家に四回も）逃げ帰った（笑）、歩いてですよ、バスなんかなかったですから、そうして逃げ帰ったものです。

でも二、三日すると、朝帰って。ほんとうに子どもだったなと思います。逃げても夫が迎えにきまして、旦那の弟も「私がうまく取りなす

べやとて来てくろと、むけ来られっと、夫っとこ好きなもんださけ、ひょこひょこひょことくっついて来たもんだって。

ほしっとまたこだ、うちの嫁なんだかんだと意地悪されて、よく行ったとかなんとかとて、こそこそって、年よりたちといってんだけ、おれ田舎からもらってきたもんすけ。

平枝っぢゅーとか、水掛け楽でねくて、水、田んぼさ、水ねくてよー。沢水引《ひ》いで、ほんでこだ馬でばこかきだろー、さんどあれしてから、畦塗《くろぬ》り*2だろ。一回しろけっだなみな干して畦《くろ》塗るもんだ。水ねーもんだけもらねーように。

(田植えの)ねーとりあっと、朝まくれーうちにへったもんだなしろさ。ほしてゴム靴ね

から、安心して帰ってきてくれ」って迎えにきますと、私は夫が好きで嫁にきましたから、すごすごとついて帰ったものです。

そうしますと、また、うちの嫁はなんだかんだと意地悪されて、よく帰ったもんだなどと、叔母や姑たちがこそこそ言ってましてね、私が田舎から嫁にきたものですから。

ここ平枝っていうところは、(田への)水掛けが大変でね、水、田んぼの水がなくてね。沢から(直接)田んぼに水を引いて、そのあと馬で三回も田起こし、そのあとで畦《くろ》を塗りました。いちど代掻きしたあと、水が漏れないように乾かしてからまた畦を塗るのですから。水がないので漏らないようにね。

(田植えの)苗取り時期には、早朝暗いうちから苗代に入って作業しました。そのころ、ゴム

くてももしきだぜ。ももしき脱がねで、脱ぐと手間かかるもんだけ。脱がねで昼間庭さ座って乳こ飲ませでママ食ってた。

「かぼちゃ雑炊」じょのほら、かぼちゃ煮たつゆさしゃままけてな、ほれ煮っといっぺー増えるもんだ。わいんでも食ったこたねーもんだけ。これ先のうちはうめーけど、こんだ乳すわれっぺ、ほら母乳ばりで育てて、腹へるもんでな、ほゆうのくと、腹へるもんで。できねって言うたって、オレ金ばりねーもんだしなや。

いつだかなんてよ、腹へってよ、まま残ったな知らねふりして、卵ぐれーなの、握って味噌つけて、便所さ持ってって食ったことあ

靴なんかありませんでしたから、股引《ももひき》ですよ。股引を脱がないで、脱ぐと手間がかかりますから。昼時には股引をはいたまま庭先に座って、赤ん坊におっぱいを飲ませながら食事しました。

「かぼちゃ雑炊」なんかね、ご飯にかぼちゃの煮汁を入れるとふやけてね、それを煮ると量が増えるのです。（こんな食事は）実家では食べたことがありませんでした。これ、最初のうちは美味《おい》しいのですが、そういうのを食べると授乳中の私には、すぐにお腹が空いてたまらなくなりました。でも、イヤだと言っても、私にはお金がなかったしね。

いつごろでしたか、あんまりお腹が空いてね、残ったご飯をこっそり卵くらいの大きさに握って、それに味噌をつけてトイレに隠れて食べた

［註］2　田の水が漏れないように、畦（あぜ）に泥土を塗って固めること。

るもんだオレ、腹へって。ほんなことあったもんだ。

ほしてこんだほの、ままつぶ落としたな知らねで来たもんだ。すっと、おんちゃの嫁、ほれに見つけらって、ほれいたもんだけオレ、難儀したなや。ほれいくねくて意地悪だもんでよー。

ほっちなオンジの嫁で、オレな長男の嫁だもんだけ。どさか村の飲み方だて、集まりごとあっと、長男の嫁、オレいがなねもんだけ。

ほれきなりがってるもんだけ、「こんだもらわってくっとき、オンジ[*3]の嫁でねく長男の嫁だもんだ」って言うもんだっけ、ほしてオレとこさ辛く当たるわけ。

ほいうこともあったもんだ。


ことがありました、お腹が空《す》いて。そんなことがありました。

ところが、そこにご飯粒を落としたことを気づかずにおりました。すると、それを叔父の嫁に見つかってしまって、その人がいたために、私は難儀したものです。その人はひどく意地悪なものですから。

あちらはオンジ（父の弟）の嫁で、私は長男の嫁でしたから。どこかのムラの飲み会なんて、集まりごとがありますと、（長男の嫁の）私が行かなければならないものですから。

でも、叔母は（自分が）行きたがって、「今度嫁にくるときは、次男ではなくて長男の嫁に限る」なんて言って、私に辛く当たるわけです。

そんなこともありましたよ。

夫の死と再婚

四人の子どもが元気で成長しつつあった昭和四〇年（一九六五）、末の子の小学校入学の前年、夫のYさんは事故で他界した。そのときから人生が狂ってしまった、とまきこさんは言う。

まきこさんは、ベッカ（別家＝分家）[*4]になって子どもたちと暮らすことを希望したが、親戚が集まって、本人の希望などお構いなしに一三歳年下の弟と再婚させることを決めた。戦後二〇年を経ても、親族共同体の力は個人の自由と尊厳の上に立ちはだかり、イエ存続のためには夫を亡くした嫁の意思など、取るに足りないものだと考えられたようだ。

夫の弟との再婚は、子どもたちの希望でもあったという。まきこさんは自分の気持ちを押し殺す決心をした。

（長男が）中学二年、おっきなの、その次六年生女の子、そのつぎゃー四年生。そのつぎゃーがっこさへらねで、がっこさへるって	（長男が）中学二年生、その次は小学校六年生の女の子で、次が四年生。末っ子は小学校に入る前の年、七歳。この末っ子が学校に入らない

［註］
3　長男・長女はアニ・アネと呼称されたが、次・三男、次・三女はオンジ・オンバと呼称された。
4　分家するということは、耕地の分割を意味するため非常に嫌われた。

いう年だった、七歳。一番めちゃこいの、がっこさへらねうちよー、（夫が）死なって。（夫が亡くなって）すぐ、子どもたちちゃっこいもんだし。しと晩かかった。親族たちあつべでな、（亡くなった夫の弟と）一緒になれど。オレ、ダメだダメだって。木小屋っこみてなの建ててもらって、わらすたちとな、別になるって言ったの。

それダメだって言われて、決まらねもんだけ。ほして（子どもたちも）オンチャいてくろ、いてくろって。オレ（義弟と）一緒になれば（跡取りのことは）しんぺーねーもんだけ、家屋敷あるし田ーあるし。

なんにも苦にすねでここさ来たが、子どもたちもお父さん死なったもんだけ、今日てん

うちに（夫が）他界しました。

（夫が亡くなって）すぐ、子どもたちが小さかったですから（急いだようです）。ひと晩かかりました。親族を集めてね、（亡くなった夫の弟と）一緒になれと。私はダメだ、ダメだって。小さな家を建ててもらって、子どもたちとね、分家したいってお願いしたの。

それはダメだって言われて、（なかなか）決まらなかったです。そして、（子どもたちも）、叔父さんと一緒にいる、一緒にいたい、なんて。私が（義弟と）一緒になれば、（跡取りのことは）心配ないものですから、家屋敷もありますし田んぼもありましたから。

何も考えずにここに嫁にきましたが、子どもたちも、お父さんに死なれたので、何も言わな

で来いよ、って言わねたて、学校あがっと田んぼさ来て、稲刈って、あつべで杭さつくな。

雨降ったって、傘こかぶって（手伝った）、学校あがったら、てんで来いよーって言わねたて来んのよ。ほらお父さん死なったもんださけ気い遣ってな。おれのＹ（夫）な、難儀して死んでしまったもんだ。だけ、死んだ人はいいねは、残さった人はこまんなんだ。

今だって泣けてくっときあんだ、わとこむずくさくなってよ。泣けてくるし、ほしと、こいのほんげいつまでしったってかんげたってていげねってて。これ（酒）飲むと、こんだぐいぐいーっと飲むべ、すっとは忘ってしまったもんだ。

（二度目の夫は）酒好きで酒好きで。大事に

くても、学校から帰るとそれぞれが田んぼに来て、稲刈って集めて杭に掛ける、などの作業を手伝いました。

雨が降っていても傘をさして（手伝った）、学校から帰ると、来なさいよって言わなくても来たのよ。ほら、お父さんが亡くなったので気を遣ってね。私の夫は苦労だけして死んでしまったんですよね。だけど、死んだ人はいいですよね、残された者は困ったのです。

今だって、泣けてくることがありましてね、私自身がかわいそうでね。泣けてくるし、そうしますと、こんなこと、いつまでも泣いても考えていてもいけないって。これ（酒を）飲みはじめると、ぐいぐいとたくさん飲みました、それで（辛いことも）忘れられたものです。

（二度目の夫は）酒が好きで好きで。（次男で

育てらったもんだけな、仕事すねで、たんだ家にいて子どもみてくれるだけで、オレばりよ仕事したの。

肝臓やられて、入院退院入院退院、六三で死んだ。一三おれがゆいだがった。でもやんだといわねで、わいのためだとて入れてくったのよ。あとで聞いた話だ、無理したのよ。

したから何もさせずに）大事に育てられたので、仕事は全然しないで、ただ家にいて子どもの面倒はみてくれましたが、私だけですよ、仕事をしたの。

（その結果）肝臓を悪くして入退院を繰り返し、六三歳で亡くなりました。私が一三歳も年上でした。でも、イヤだと言わないで、私のために（籍を）入れてくれたのよ。これは、あとで聞いた話ですが、（彼も）無理したのですよ。

父親を亡くした子どもたちには叔父が継父となったが、やはり実の父親とは違った。母は子どもたちを気遣い、子どもたちも母親を気遣って、農業の手伝いもすすんでやった。子どもたちは実の父親がやっていた農作業を代行しようとしていたのだろう。

農村では長男の躾《しつけ》は非常に厳しい。とくに労働面における躾は家族の生存にも関わるために、幼少期から行われる。専業農家であったまきこさんの家では、農業による収益が家族の生活維持とレベルを左右したのである。子どもたちの成長とともに教育費も入用になっていた。

ところが、継父は次男であったため、労働の躾が行われていなかったようである。長兄の死で跡継ぎに昇格したものの、家業には熱心ではなかったようで、農業はもっぱらまきこさんが担った。

機械縄の出現や俵に代わる米袋の出現、耕運機・田植え機など戦後しだいに機械化が進んで農機具などの購入費用が発生した一方、冬仕事や農作業自体が軽減され、電気・ガスなどの普及によって製炭も衰退していたため、農業もだいぶん楽になっていた。

田はいっぺあっても、こやしから、消毒クスリからいっぺ、（耕作地が）おっきもんだけ（お金が）かかるもんだけ。百姓ばりして、外にゃお金とり、出稼ぎも行けにゃもんだけな。米ばりだけ。

オレわとこ、なんにも買えねくて、みなあっちからもらい、こっちからもらい、わらす（童《わらし》＝子ども）たち着せるものだってな、お

田んぼが広くても、その分だけ肥料や農薬代なども（耕作地が）広いものですから、（お金が）かかりますでしょう。（でも）百姓ばかりして、外に賃仕事、出稼ぎにも出ることもできませんでした。米だけ（は豊富）でしたけど。

私など何も買えなくて、みなあちらこちらからもらって、子どもたちに着せるものもね、父親に死なれて、子どもたちはね。

んやじ死なって、子どもさ。

　わなのいいもの着ねたっていい、田から畑からだけ、もらって着ていいども、わらす（童）たちさ人まねさせたいもんだども。ほれしーかねたもんだけ。

（夫が）先《せん》の旦那ときょだいだってよ、わらすたちだって、なんぼオンジ様だって、気つかって。オレだって、わ、おやんじなったって気つかわったわけだ。ふんとに難儀したもんだ。

　ほして、実家からおんなしお下がりもらって、着せ着せ、（姑に）買ってくろって言えねくて。あのほのあたり、墓めーりだ盆だっていうと浴衣こ着せんのよ、男の子だって女の子だって。ほれだって、実家からもらってきて、着せたもんだ。


　私などよいものを着なくてもいいんです、（毎日が）田や畑（仕事）でしたから、もらって着てもいいですが、子どもたちにだけは人並みの恰好《かっこう》をさせたかった。でもそれができなかった。

（夫が）前の夫の弟でも、子どもたちにとってはいくら叔父さまだって、気を遣ってね。私だって、夫になったとはいえ、気を遣って生活したわけです。本当に苦労したものです。

　そして、実家からお下がりもらって、（子どもたちに）着せて、（姑に）買ってくださいって言えなくてね。あのころ、墓参りだお盆だというと浴衣を着せるの（が習慣でね）、男の子にも女の子にも。それも実家からお下がりをもらって着せたものです。

金は、おれのばーさん（姑）が仕事しねくなってから、おれのアネッコ（長男の嫁）とこ、嫁さんもらってからだな。ほれから（お金を）おれさ寄こしたもんだけ。子どもの物買えねかった。わ、おやじ死なったもんだけ、よけいなー。

こんだほら、こっち（肝臓）のほうさやってしまったもんだけ、（治療費も）かかるんだわや。

お金は、姑が仕事ができなくなってから、（長男が）嫁を貰ってからでね。それからやっと私に財布を預けました。ですから、子どものものを買うことができませんでした。私、先の夫が亡くなったものですから、余計にね。

今度の夫は、こっちのほう（肝臓）を悪くしたので（飲酒がもとで肝臓が悪く、入退院を繰り返していた）、（治療費も）かかったんですよね。

子どもの教育

安楽城《あらき》地区は、真室川《まむろがわ》町でも比較的耕作地が広い平野部である。したがって、ほかの地区に比較すると、規模の大きな農家も多く存在した。このような農家の子ども、とくに長男が進学することは、親たちには望まれなかったようである。

一五歳といえば、一人前だと見なされていたからであり、高校進学は、家の労力確保の面からは数年の遅れであり、教育費を考慮に入れると、非常に大きな損失だと思われた。

高等学校さ、はやりはじめたのよ。ほんでも高等がっこさへねで、中学校で終わらしてな。

よったりもいだしなや。高等学校さしねでわーひでえもんだと思って、高等学校さひとりへでども、一番ちゃっこいのさへだ、オレ、土方さすて。それひとりへだ。みな高等がっこだっちゅうでこの日さ。

ほして、おっきなな（長男は）、がっこあがっと、すぐ出稼ぎやって、冬場だけ。だってほら夏場には田いっぺーだもんだけな。東京のほうさ、みな出稼ぎいがったでや。ほして電話はねーもんだけ手紙書いて、ほんてー子どもたち哀れだなや。

高等学校への進学がはやりはじめました（昭和四〇年代初期）。それでも、（子どもを）高等学校に入れないで、中学校で終わらせてね。

四人もいましたからね（子どもが）。誰も高等学校に入れないなんてひどいものだと思って、高等学校にひとり入れた、いちばん小さい子（昭和三五年生まれの末っ子）だけを入れました、私が土方作業をして（そのお金で）。近所ではみんな、高等学校に入るっていいますからね、近ごろはね。

そして、大きい子（長男）は、中学校を卒業すると、すぐ出稼ぎに出してね、冬場だけ。だって、夏場には田んぼがたくさんありましたから。東京方面に、みな出稼ぎに行きましたよ。そして、電話がなかったので手紙を書いてね、本当に子どもたちは哀れでしたね。

娘は中学出て、これも高等学校さへれねーなもんだけ。裁縫、これも家さおいて、こんだ、離さんなくなって。こんだ、こうとがっこさもへられねえもんだけ、就職いくとて、就職ずーっと遅くなって。石川県の紡績行って、仕事しながら高等がっこ出た。

三番目の息子な、中学校さへってよ、こんだほら、バス平枝さ初めて来たの。バスで中学校さ通わせて、一五日行ったきりで交通事故あって、ほして快復まで一月《ひとつき》かかるっていうのに、三月《みつき》かかったもんだ。

ほしっとこんだ勉強もおくったとて、頭いがったのに、高等がっこ落ちっと悪いさ、入る気ねーけ、ほしてオレ入った会社さ入った。わいんとこ、部落の鉄鋼会社。

娘は中学校を出て、この子も高等学校に入れなかったのでね。裁縫、この子も家に置いて、ところが手離すことができなくなってね。そうしたら、高等学校を卒業しなかったので、就職するにしても、ずーっと遅くなって。石川県の紡績（工場に）に行って、仕事しながら高等学校を卒業しました。

三番目の息子はね、中学校に入ってね、このころバスが平枝に初めて通ったの。バスで中学校に通わせて、（でも）一五日行っただけで交通事故にあって、快復まで一月《ひとつき》かかるって言われたのに三月《みつき》もかかりました。

そうすると、勉強が遅れたと言って、頭はよかったのに、高等学校（を受験して）落ちたらカッコ悪いからって、入る気がなくて、私と同じ会社に入りました。私の部落の鉄鋼会社。

高校進学者が増加しはじめたが、まきこさんには子どもたちみんなを進学させるだけの経済的余裕はなかった。この当時、一家の経済はまだ姑が管理しており、まきこさん夫婦の自由になるお金はほとんどなかったのである。そのうえ、夫の医療費も嵩《かさ》んでいた。そこで彼女は、農閑期に土方の賃仕事をして、末っ子だけ高校に進学させた。機械化が農業に時間的なゆとりをもたらしていたのだ。

まきこさん夫婦にやっと経済が任されたのは、長男が結婚した昭和五一年（一九七六）以降のことである。

そして現在

ほんとによー、畑かってみなひとりだぜオレ。ほしてほれ、屋根葺《ふ》くったってほの、茅《かや》、山から刈ってきて、オレひとりして刈ってきて、ほして今度は車につけっとこまで背負い出して。秋の茅刈るとき日短くて、この（家が）おっきいもんだけ、ぐるっと屋根葺くってと、五年かかった。

本当にね、畑だって、みなひとりで作業しましたよ、私。そしてね、（劣化した）屋根を葺《ふ》くっていっても、茅《かや》を山から刈ってきて、私ひとりで刈ってきて、そして今度はそれを車につけるところまで背負いだしてね。秋の茅刈り時期は日が短くてね。この（家が）大きいものですから、ぐるっと（全部）屋根を葺くというと、（茅の刈ってきたのこまるくして、（冬には）そがべする、ここずっと雪降るもんだけな。ほして春になると、とって葺いてもらうんだ。

しょーべー人もいんで、屋根葺く、小国ってとこに。今いねおは、すねおは、年いったもんだけ屋根葺き。

昔バスねーだけあるってだすけ、オレ呼んだの泊めて、なーんつったって難儀したもんだ。今なのほれこそ寝役だ。難儀したした、難儀したて、んー。

オレ子どもちゃっこいもんだけな、一狂えば二狂うって、みな狂ってしまったんだわ。年寄りたちはほら、くんじゅから八〇からな

用意をするのに）五年もかかりました。

刈ってきた茅を小さく束ねて、（冬には）そがべ（雪囲い）しました、ここは雪が多いものでね。そして春になって、（それを）取って葺いてもらうんです。

商売人もおりましたよ、屋根を葺く、小国ってところに。今はおりませんし、（屋根葺きも）やりません、年をとってしまってね、屋根葺き（職人）がね。

昔は、バスがなかったものですから歩いてですよ、私が呼んだ屋根葺き職人を（家に）泊めてね、なんといっても難儀したものです。今は寝役（楽）です。難儀したした、難儀した、んー。

私、子どもが小さかったので、一狂えば二狂うってね、みな狂ってしまいました。年寄りたちはね、九〇から八〇（歳）になるでしょう、

るだべ、それより早く死んでしまってオレの旦那。苦労してずっと辛かった。

人のこう、なんげー人生、これくらいでほわ、なんにも旅行も行がねで、どこさも行がねでほわ百姓ばりして、としゃいってしまった。今じゃシワ深くなってしまって、ほんとによく生きてきたもんだと思う。

やっぱしよ、旦那にすなれっと一番おなごは辛いな、幸せとられるは。夫婦二人、としゃぐまでこれ元気だば、一番すあわせだど思うオレは。オラなの気ぃつかってなんにもいことねは。体いぐねくねーほればりだわ。

ほんておかしもんだな、今なってみると。ほんでもいたもんだ、五〇年から。ゆってみ

それよりも早く死んでしまって、私の夫。（それから）苦労続きで、ずっと辛かった。

人間の、こう長い人生ですが、（私のように）こんなもんで旅行にも行かないで、どこにも行かれなくてね、百姓だけやって年をとってしまいました。今ではこんなに皺が深くなってしまって、本当によく生きてこられたものだと思います。

やっぱりね、旦那に（夫に）死なれると一番女性は辛いですね、幸せをとられますよ。夫婦二人で年を重ねて元気でしたら、一番幸せだと思います、私。私など、気を遣って何もよいことなかったです。身体の具合がよくなくない（良い）、それだけです。

本当におかしなものですね、今になってみると。それでも、この家にはいたものです、五〇

ればおかしなもんだおは。ほんと、こいとこさ来てと思ったけど、なんちゅことはね。

んだけ、人の家のままかねばできねってのは、ここだわ。

オラどっさもいかねもんだ。実家でも若勢《わかぜ》、こっちゃ来てもわかぜ、冬は炭たき（炭焼き）、雪下ろしも、シャベルでだもん。

きょうしゅつめー、はんめー、ほれ一俵背負ったら（重くて大変でした）、ちゃっこいなさ。ほんてに、ほれわいんでも背負ったことぁねーのに、ここさ来てから背負い出して、くれーうちだもん。

ほーんに今なの寝役だ。

年も。考えるとおかしなものですね。ほんとうに、よくこんなところに（嫁に）きたものだ、と思ったけど、（過ぎてみれば）どうということはありませんね。

ですから、他人の家のご飯を食べなくては（成長）できない、っていうのは、こういうことなのでしょう。

私、どこにも行かれなかったです。実家でも労働者、こちらに来ても労働者、冬は炭焼き、雪下ろしも、シャベルでですよ。

供出米、飯米、そんなの一俵背負いましたら（重くて大変でしたよ）、小さい俵でも。そんなの実家でも背負ったことはないのに、ここに（嫁に）きてからは背負い出してね、（朝）暗いうちからですよ。

本当に、今は楽なものです。

まきこさんの経験は、あまりの不幸に思わずもらい泣きしてしまうほどの物語である。しかし、壽也《としや》氏によると、当時の農村では「よくある話」だったという。

イエの後継者たる長男の教育は幼児期から行われ、それは勤勉さの涵養《かんよう》と労働の躾《しつけ》、共同体における役割など、多岐にわたった。しかし、そのような教育を受けていない弟が突然家長に昇格した場合、家族中が苦労させられたようだ。

昭和二〇年代以降、新憲法のもとで制度が変わり、国民の意識も一八〇度の転換を迫られたが、人びとの生活は容易に変化するものではなかった。「嫁して三年、子無きは去る」という慣習の反対側では、長男である夫を亡くした女性を、イエ存続のため、強引に家族内部に引き留める方法が採られることもあった、ということなのである。

戦前・戦中・戦後と農業ひと筋に生きてきたまきこさんだが、食生活の変化によって米の消費量が減少しているうえに、機械化で重労働から解放されたものの、投入労力の割りに収入の少ない農業をやりたがる人がいないのも、今では仕方がないと考えている。

今（令和六年）、まきこさんは福祉施設で穏やかに生活している。

終章 ❖ 解説にかえて

はじめに

本書は、及位《のぞき》に生まれ及位で亡くなったひとりの農民——佐藤壽也《さとうとしや》氏の視点と語りをとおして、山国日本に存在する無数の山村生活をひとつの文化と位置づけ、記録してまとめることをおもな目的としたものである。

昭和三年（一九二八）、彼は及位で三町歩《ちょうぶ》（約三万平方メートル）程度の田んぼを耕作する農家の長男として生まれ、山々と上手《じょうず》に共存しながら九四年を生き抜いた。

日本の高度経済成長時代の農村では、出稼ぎする人が少なくなかった。しかし、氏が出稼ぎにいったのは生涯でただ一度、夏の農閑期にその年の製炭をすませたからだという。朝八時から夕方五時までの首都高速道路建設の土木作業は、農作業よりもずっと楽だったそうだが、生まれて初めて雇用者の悲哀を体験し、それに懲りたらしい。

氏の成人後、両親および兄弟六人、妻と子どもたち三人の生活全般は、一・五町歩に減じた田んぼから収穫される米と、氏と父親の廣《ひろし》氏が採ってきたゼンマイなどの山菜販売でまかなわれた。このように考えると、達人ともいえる相棒・壽也氏の、山に対する愛着と誇りが重みをもつ。

「おら縄文人だ」――氏の口癖だった。この言葉は、「自然の恵みを糧にする経済関係のなかで生きる」という意味だと私はとらえた。

語りを振り返って強く印象に残ったのは、「山どこ及位」に暮らす人びとの忙しいながらシンプルでわかりやすい生活である。米をつくり、山菜を採って生活する。

壽也氏は、山で収穫した山菜を自身の背中で麓《ふもと》の車まで運んだそうだが、それが重ければ重いほど喜びが沸いた、と笑った。現金収入に直結したからではないか。山を生活の舞台にした人びとにとっては、働きに見合った収入が約束されていた時代だったといえるだろう。

壽也氏の語りは、現代社会では想像すらできないような内容ではあるが、これらは一〇〇年にも満たない前の、山村に住んだ人のリアルな生活史である。

昭和前期の農村社会

昭和初期の日本は、日露戦争（一九〇四～〇五年）後から続く不況が恐慌の様相を呈するなかで、戦争への道をひた歩む時期に当たっていた。

昭和二年（一九二七）にはじる金融恐慌とそれに続く米価大暴落と農業恐慌、そのうえ同九年の東北大凶作は、餓死者を出すほど農村を窮乏におとしめていた。当時の農村では、農産物価格が暴落した半面、農家が購入する化学肥料（金肥《かねごえ》）・繊維製品・砂糖などは独占化が進行していたため、価格が低下しなかった。そのため、農家が経済的な打撃を受けたのだった。[*1]

昭和七年当時からは、政府主導の「農山漁村経済更生運動」がはじまっていた。それは、経済的疲弊への対応として、農家に経営改善・生活の自給化・負債整理・貯蓄奨励などを中心にした更生計画を樹立させ、それを政府が援助するという政策で、農村の伝統的共同体秩序を利用しつつ精神運動によって自力更生を推進しようとするものであった。

またその流れは、満蒙開拓青少年義勇軍の設置や分村移民政策にまで拡大した（農林省経済更生部「満洲青年移民実施要綱」「満洲農業集団移民分村計画要項」昭和一二年）。[*2]

及位《のぞき》村でも「経済更生計画書」を作成し、その遂行のために、村全体の再組織化が行われて、住民は窮屈な生活を強いられた。なお、昭和一〇年当時の塩根川《しおねがわ》地区の、一世帯当たりの負債平均額は六二九円であった（昭和一〇年一二月「及位村経済更生計画書」から算出）。現在の金額に換算すると一二〇万円余りとなるだろうか。

同じく、「想画」を生み出した旧長瀞《ながとろ》村でも一世帯平均九〇〇円もの負債を抱えており、[*3]農家の生活の厳しさをうかがわせる。

一方、国民教育においては、政府内では第一次世界大戦（一九一四～一八年）後における総力戦体制構築の観点から、「教育の方面から善く始末をつける」[*4]ことが認識されていた。したがって、大正デモクラシーの風潮のなかで展開された自由主義教育の理念は、忠君愛国の念の強化・思想統一・国民皆兵主義などの政治目的と対立するものであった。

政府内では「有事の際の『大兵ヲ出スノ準備』は、学校内に『兵隊ニ為ルヤウナ者ヲ沢山拵《こしら》ヘテ置ク』ことが、『限リアル財政ヲ以テ限リナキ軍隊ヲ養成スル』ことにつながる」[*5]という意識が共有されていたのである。

戦争が現実化しはじめた昭和初期、政治的な意思に反する「生活綴り方教育」や「自由画」など、児童の自由な発想に基づく表現を重視した教育は、治安維持法違反の名目による不当な取り締まりの対象となり、それは本書で採用した東根《ひがしね》市長瀞小学校の自由主義教育実践教員にも及んだ。

このようななか、新聞各紙は経済恐慌による農産物価格下落、その後の娘の身売り問題を盛んに取り上げ、現地リポートや報告を掲載していた。山形県では、とりわけ西小国《にしおぐに》村

［註］
1　有沢広巳『昭和経済史上』九〇―九一頁、日経文庫、一九九四年。
2　『農山漁村経済更生運動史資料集成』第七巻、柏書房、一九八五年。
3　昭和八年「長瀞村経済更生計画」『東根市史編集資料』第二三号より算出。
4　海後宗臣編『臨時教育会議の研究』一〇二一頁、東京大学出版会、一九六〇年。
5　前掲註4『臨時教育会議の研究』九二二頁。

（現最上町）での被害が大きく、娘身売りが新聞紙上で取り上げられて、凶作による農作物被害の大きさ・悲惨さとともに社会の同情を集めた。

一六九頁に掲載した、誰もいない寂しい道にたたずむふたりの少女を描いた想画（「野をゆく人」）は、今まさに奉公に行こうとする幼い妹を姉が見送る場面に見える。少女は小さな風呂敷包みを背中に括《くく》りつけ、姉の言葉を聞きながらか不安げにじっと未知の世界を見つめているかのようだ。長瀞村では、時折このような光景が見られたのだろうか。

国分一太郎《こくぶんいちたろう》が長瀞小学校で教員を勤めていた昭和の初め、知人の見送りに行った駅で、「娘身売り列車」といわれていた上野行の汽車を待つ母娘に偶然であった。よく見ると、少女はその年の三月に六年生を卒業した「目のやさしい」教え子だった。国分先生は少女に声をかけた。

高等科さ来てたと思ったら、来ないのだっかやあ。

なあに、なくてよ（金がなくて）、入れられるもんであんまいす。[*6]

少女の母親はこう応えたという。

恐慌と凶作に痛めつけられた農民に与えられた数少ない選択肢のひとつが、親や保護者が給金を前借りして子どもを年季奉公に出し、家族のサイズを小さくしたうえ、子どもは他人に育ててもらうという伝統的な対応で危機的状況を克服しようという方法だった。

左の表は、教え子たちの性売買を伴う奉公に心を痛めた一太郎が、自身の著書に引用し

山形県北村山郡の各町村より
昭和 10 年にでた身売娘のゆくすえ

（単位　人）

町村名	県内			東京府市			その他			合計
	（芸	娼	酌）	（芸	娼	酌）	（芸	娼	酌）	
楯岡	3	1	8	—	9	4	2	2	8	37
東根	10	11	24	6	10	20	5	1	24	111
尾花沢	8	7	16	1	8	12	1	3	13	69
大石田	2	—	—	—	2	1	—	—	4	9
高崎	1	1	—	—	5	6	—	4	4	21
東郷	—	8	8	—	9	6	1	1	10	38
田麦野	—	1	—	—	1	1	—	1	3	7
山口	—	2	12	—	4	8	2	3	9	40
大富	—	—	1	—	2	4	1	—	4	12
小田島	4	2	3	—	6	9	—	3	8	35
長瀞	2	—	2	—	4	3	—	—	9	20
西郷	—	2	11	—	2	11	—	—	10	36
大倉	1	—	3	1	5	2	—	—	4	16
大久保	1	—	4	—	—	—	—	2	6	13
富本	—	1	2	—	1	—	—	—	3	7
戸沢	—	—	5	—	10	7	—	—	15	37
大高根	1	—	2	—	1	2	—	—	1	7
袖崎	—	—	9	—	6	11	1	3	9	39
横山	—	—	6	—	6	6	—	3	11	32
亀井田	—	2	7	—	6	7	1	1	7	31
福原	3	1	18	—	13	17	—	3	10	65
宮沢	4	4	10	1	4	3	1	2	1	30
玉野	1	1	21	2	—	5	—	2	11	43
常盤	—	2	4	—	2	2	1	—	4	15
合計	41	46	176	11	116	147	16	34	188	779

国分一太郎『昭和農村少年懐古』より

［註］6　国分一太郎『昭和農村少年懐古』二〇三頁、創樹社、一九七八年。

た『山形新聞』の切り抜きである。農村恐慌による傷跡が子どもたちにも及んだすさまじさがわかる資料である。

新庄市では、警察署を中心に「娘を売るな」の座談会を開催して若い娘たちの離村防止を協議し、その実態を調査した。[*7] 及位村でも、農会技手を勤めていた菅原官兵衛氏（故人）が「娘身賣防止数唄」（二三二頁）をつくって、身売り防止に奔走していたということをご子息にうかがった。

左の表は、官兵衛氏がまとめた新庄警察署による調査結果、二三一頁は「娘身賣防止数唄」である。娼妓・芸妓・雇女の合計は最上郡全体で七四四人、及位《のぞき》・真室川《まむろがわ》・安楽城《あらき》三村（現真室川町）の合計は八一人に上った。なお、該一覧表では昭和九年六月一五付と記載されているものの、調査方法や期間・年齢・行先などは不明である。

太平洋戦争後、子どもは法律のうえでは保護の対象になったため、昭和の初めにKさんが体験したような、親や保護者が給金を前借りして未成年者を年季奉公に出す（第五章）という特殊な労働慣行には、敗戦後発足した労働省婦人少年局が「いわゆる人身売買」[*8] と名付けて、その実態調査を行った。

戦災孤児や浮浪児の問題などとともに、敗戦後の混乱のなかで多発した人身売買事件を、新聞・雑誌などのメディアが大きく取り上げたため、GHQに命じられた日本政府は、「児童福祉法」[*9]の成立を機に、やっとその重い腰を上げた[*10]というわけである。

しかし、労働省による「いわゆる人身売買」事件対策の柱は、取り締まり・監督・啓蒙宣伝の三本であり、子どもの生家の貧困という経済的な原因の解消には、ほとんど対策が

娼妓・藝妓・雇女出身町村別調

（単位　人）

町村名	娼妓	藝妓	雇女	計
新庄町	37	35	45	117
舟形村	26	9	29	64
西小国村	53	8	30	91
東小国村	35	26	44	105
萩野村	13	8	10	31
金山町	15	12	20	47
安楽城村	18	5	4	27
真室川村	7	8	13	28
及位村	8	9	9	26
八向村	10	3	2	15
大蔵村	18	4	8	30
堀ノ内村	22	4	8	34
稲舟村	10	2	2	14
戸澤村	14	3	4	21
古口村	12		5	17
角川村	10	3	2	15
鮭川村	6	2	13	21
豊里村	5	4	10	19
豊田村	6	5	11	22
計	325	150	269	744

新庄警察署「藝妓娼妓雇女出身町村別調」昭和９年６月15日現在、菅原官兵衛統計資料集、謄写版、菅原伴実氏（故人）所蔵

［註］
7　吉見周子『売娼の社会史』一六九―一七〇頁、雄山閣出版、昭和五九年。
8　これらの人身売買的子どもの強制労働は、刑法第二百二十六条にいう国外移送を目的とした人身売買と区別して、昭和二五年発足した中央青少年問題協議会が議題に取り上げた時点で「児童をしてその福祉に反するような労務、または不等な人身の拘束を伴う労務を提供させ、その対価として金銭、財物その他を給付することを内容とする契約または、これを斡旋する行為」と定義づけ、それを「いわゆる人身売買」という言葉で表すことになった（労働省婦人少年局編『年少者の特殊雇用慣行――いわゆる人身売買の実態』一〇頁、労働省、昭和二八年二月）。
9　「児童福祉法」（昭和二二年法律第一六四号）、一九四七年（昭和二二年）一二月一二日公布、翌年一月施行。
10　「人身売買の調査　総司令部から政府へ命令」『朝日新聞』昭和二三年一二月三〇日付。

東北娘七人危く救はる

＝人買ひの手中から救世軍へ

けふもまた山形《がた》縣の可哀《あい》さうな娘《むすめ》が七人人買の手から神田の救《きう》世軍本部《ぶ》に救《すく》はれて來た、この中には小學校五年生の子供《ども》が二人もゐて子供心《ごころ》に始《はじ》めて來た東京が嬉《うれ》しいらしく、にこにこ笑《わら》つてゐるが、流《さす》石に大きい方の娘達《むすめたち》は微笑《びせう》もせず、悲《かな》しみを押《お》し隠《かく》してゐる、救《きう》世軍では當《たう》分ホームにおいて職《しよく》を探《さが》してやるといつてゐる【寫眞はその七人】

無明舎出版編『新聞資料 東北大凶作』1991 年より

「娘身賣防止数唄」　菅原官兵衛 作

一とや　人のいやしむ娘賣り　最上は縣下で第一よ　第一よ
二とや　二人の親御は覚醒《めをさま》せ　娘身賣りは親の恥　親の恥
三とや　道は開ける座談會　新たに生きよ娘達　娘達
（或は貞操擁護の為に立て）
四とや　世の娘子は心せよ　虚栄のために身を賣るな　身を賣るな
五とや　色々魔の手はのびて行く　甘言籠絡注意ませ　注意ませ
六とや　昔をしのぶ花魁も　昭和の御世から消へてゆく　消へてゆく
七とや　涙涙で賣られた娘《子》　其の行く末は悲惨《みじめ》なり　悲惨《みじめ》なり
八とや　やけのやんぱち娘賣り　世の人々の笑ひ草　笑ひ草
九とや　心を締て懸るなら　多少の負債《しやつきん》何のその　何のその
十とや　どうでも娘を賣る時は　先ず利用せよ相談所　相談所

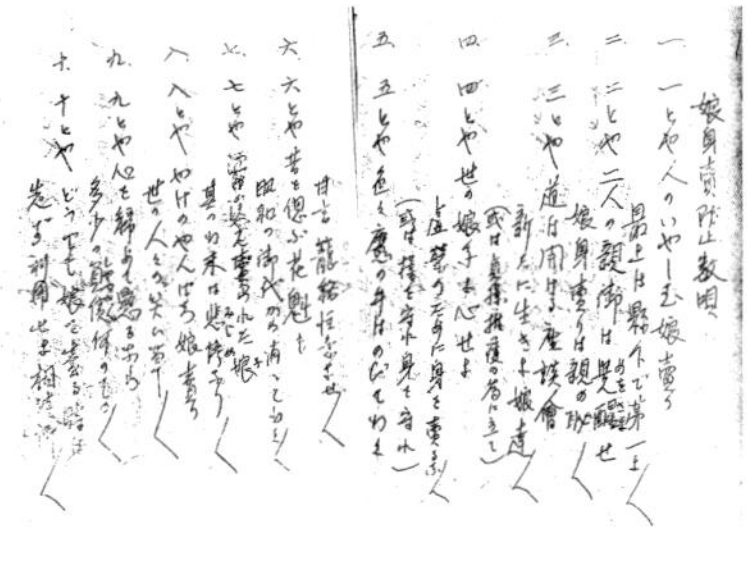

菅原官兵衛（故人）作「娘身賣防止数唄」菅原官兵衛統計資料集、謄写版、菅原伴実氏（故人）所蔵

講じられていない。それどころか、発見された子どもをその生家に帰すことが対策の基本だったため、家に帰った子どもが、次回はより見つかりにくい特殊飲食店街などへ接客婦として入る、という悪循環が生じていた。吉原など古くからの遊郭の盛況は、自身の身を削って家族を養う娘たちが下支えした、といっても過言ではないだろう。

このような対応の結果、職業安定法違反・労働基準法違反・児童福祉法違反などによって、多くは中間の職業周旋業者が法の裁きを受け、送出側の家族および雇主側には、なんの法的措置や対策が講じられていない。当時の日本政府の人権意識の低さ、政治の貧困による形式主義的対応が悔しい。この問題がしだいに改善に向かったのは、昭和二五年(一九五〇)、大都市を中心に小学校で完全給食が開始された以降だというが、ここでも地方の子どもたちは置き去りにされた。

敗戦後、新憲法を基本として新しい人間観が求められながら、国民の生活実態と法や理念とは大きく乖離《かいり》しており、子どもの労働は、一方でそれを認めつつ、他方で禁止するという二重の基準でその対応がなされていたのである。

もちろん、新憲法の精神は、多くの国民にただちに浸透したとは思えないし、そもそも、国民自体がこれを受け入れる素地をもっていなかったために、依然として旧来の価値観による生活を送らざるをえなかったのだ。

たとえば、昭和二五年一一月の国立世論調査所による調査結果[*11]は、次のようになっている。質問に対して「絶対にいけない」と考える者の割合では、東京と農村の差が大きい。

質問――「親が前借して子どもを年季奉公に出すことをどう思うか」

	東京	農村	総数
①かまわない	二%	一四%	九%
②家が困ったり親の借金返済のためなら仕方ない	八%	三二%	二〇%
③子どものために幸福、進んで行く場合ならよい	五五%	四七%	五一%
④絶対にいけない	三五%	七%	二〇%

また、地方の現場では、「人身売買」など存在しない、といった声も多く、家族の経済的窮乏を救うために、親が前借して子どもを奉公に出すというような「親孝行や徒弟制度の古い慣習をみとめないわけにはゆかなかった[*12]」と、福島県では「いわゆる人身売買」事件発覚後、四〇名近くの民生委員が辞表を提出した例もある。法律の浸透がきわめて不徹

［註］11　労働省婦人少年局編、付録四―五頁、昭和二八年。
12　「シキタリにただ盲従　現地にみる人身売買の生態」『朝日新聞』昭和二四年二月二日付。

底であったことと合わせて、生活実態と法の理念がおよそかけ離れたものだったことがわかる。

当時の「いわゆる人身売買」問題は、現在の女性や「子どもの貧困」の問題であり、その形も政治的対応もともに変化を伴いながら、ますます複雑化して今日に至る社会問題なのである。Kさんの体験は、あらためて私にその事実を鋭く突きつけた。

「わがさ」(表層雪崩)

周知のとおり、日本の東北・北海道地方には豪雪地帯が多い。及位《のぞき》はそのなかの一地域である。とくに本書執筆中の冬(二〇二二~二三年)は寒さが厳しく、日本海側を中心に記録的な大雪が続いて、各地で積雪記録を更新した。雪崩や落雪などの事故も多く、消防庁によると、昨冬には全国一二道県で九三人が死亡、うち七一人が屋根の雪下ろしなど、除雪作業中の事故だったという。

令和五年(二〇二三)一月二九日、長野県で発生した雪崩に、バックカントリースキーを楽しんでいた外国の方が巻き込まれたというニュースが流れた。亡くなったのは著名なスキーヤーだったというが、「ほんの小さな衝撃で起こりえ」るうえ、音がしない表層雪崩(「わがさ」)に巻き込まれたものと思われる。雪崩とは、それほど危険な自然現象なのである。

壽也《としや》氏の語りのなかでは、「古くからの言い伝えでは、及位での雪崩による死亡者は、これまでに四人」（三八頁）と極端に少ない。豪雪地域であるが故に、人びとは山と雪を知りつくしていたからだろう。そのうえで、「山ではどこでも雪崩が発生しうるわけですから、雪の季節に山に入ることは、広い意味で自殺行為だといえます」と警鐘を鳴らした。

警視庁によると、毎年一〇〇人前後の方が自然の中を滑って楽しむバックカントリースキーで遭難した（NHK首都圏ナビ）という。

「春雪崩《はるなで》」の一部始終を目撃した数少ない人間のひとりである氏の語りは、目前で展開された雪崩の様子を具体的に表現して圧巻である。雪深い山どこの人は、その発生メカニズムを熟知しており、積雪期間には子どもでさえ全神経を尖《とが》らせて歩いた。また氏は、雪とは無関係の「つづなで」（土雪崩）という土石流も雪崩のひとつに位置づけていた。

近年、世界中で発生する災害はわれわれの記憶に新しく、山国日本の宿命として、早期の予知と対策が急務である。しかし、山どこに暮らす住民にとって、「つづなで」のあとは山菜の宝庫になり、副収入増額のチャンスとなった、という皮肉な現実もあったようだ。

雪に関してもう一点注目したのは、「隣の三尺」という習慣によって、雪の中に道がつくられていく様子である。住民が意識・無意識に雪道をつないでいき、炭焼きをする人の山の往復によって雪道がつくられていくさまは、山どこに住む人びとの、自治精神の表現のひとつに思える。

ひと晩に数十センチの降雪があっても、共助精神により住民や通学児童たちの安全が確保されていたのだ。そして、新雪のなかに「あごつり道」をつくる人びとの一生懸命な姿、ここでも共助精神が発動されていた。

炭焼き

炭窯を巻いて小屋掛けをするとき、そこに設計図のようなものはなく、作業に従事する者全員の頭のなかにはしっかりとした図面が描かれていた、私にはそう思えるのだ。

壽也《としや》氏が、炭を焼く父親の廣《ひろし》氏を手伝ったのは、彼が一〇代の戦争真っ盛りのころである。戦後は彼ひとりで数基の窯を巻き、小屋掛けをした。その記憶をたどりながら書いたのが、七二～八〇頁に掲載した図面である。紙に鉛筆で描く窯は実際の窯を巻くより難しいと、愚痴をこぼしながら何度も修正を加えてできたものである。本書では氏の手書きの図面をすべてそのまま掲載した。

過日、私は、秋田県にかほ市、中島台レクリエーションの森の動画のなかに、苔《こけ》むした小さな炭窯を偶然見つけた。壽也氏は、「間違いなく石窯だ」と大いに喜んで、どうしても訪ねたいと願ったが、かなわなかった。

にかほ市の下二点の写真は、令和四年（二〇二二）、私がひとりで当地を訪れ、撮影した炭窯である。本文と重複するが、比較のために氏が描いた図面と並べてみた。

壽也氏が語る「炭焼き」には、力強さと

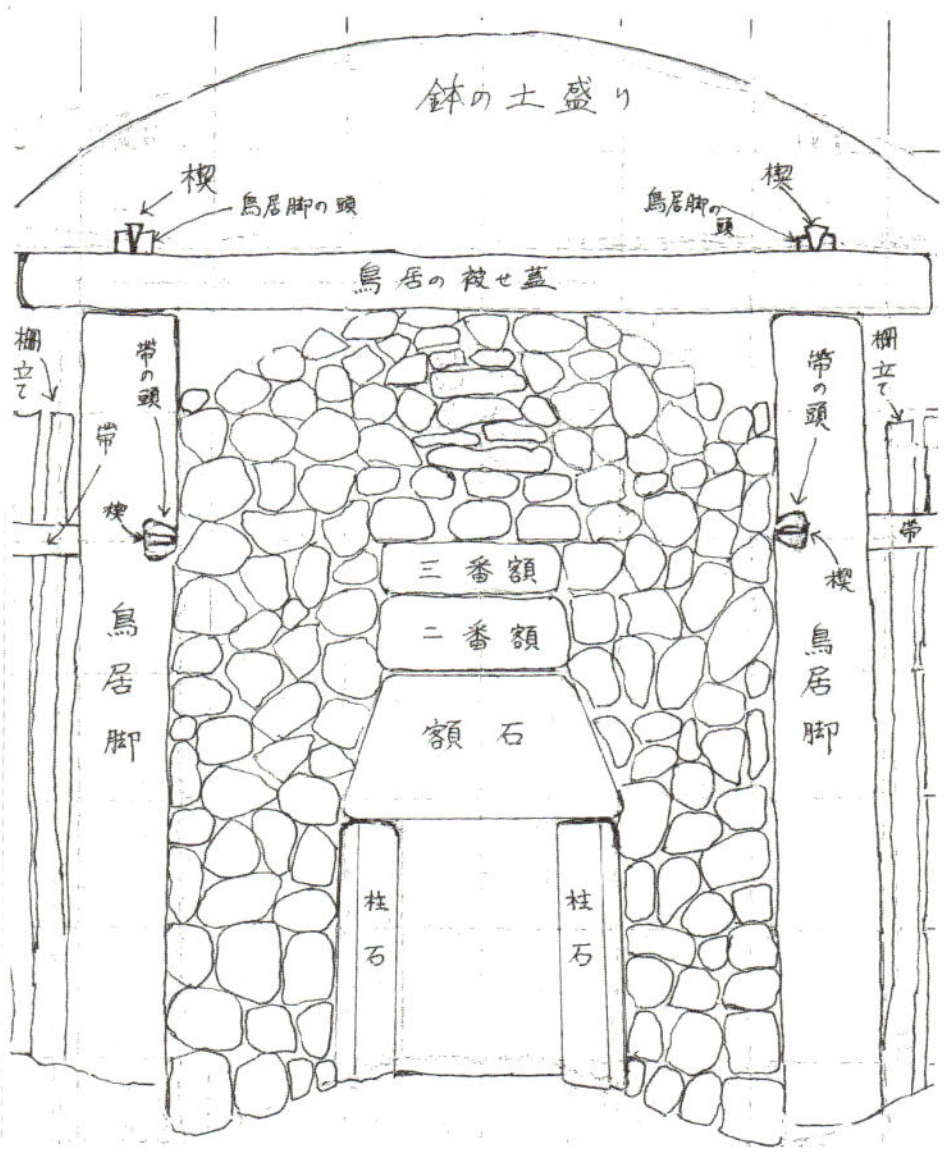

壽也氏手書きの図面

秋田県にかほ市中島台レクリエーションの森に残された「石窯」の前面。2022 年 10 月筆者撮影

「石窯」（左の写真）の背面。2022 年 10 月筆者撮影

誇りが感じられた。とりわけ、早朝の窯の点検から日没後の「居《い》小屋」の中で炭俵に俵装《ひょうそう》を施すまでの作業は、聞いていても楽しく美しくさえあった。それは、いつも氏が意識していたとおり、自身が小柄で病弱だったため、どんな作業も可能なかぎりムダな労力と時間を節約する工夫の極致をみたからだろう。私の相棒、壽也氏の極限まで酷使した両手は、身体に不釣り合いなほど大きくゴツゴツしていた。

藁仕事

男たちが山で炭を焼くあいだ、家に残った家族は、次の入山に備えて必要な俵を編み、縄を綯《な》っておく必要があった。炭焼き作業自体も大仕事だが、家族もまた連日準備に追われていたのだ。

現在、炭焼きを生業にする人はほとんどいなくなったとはいえ、炭は今でもバーベキューや焼き鳥には欠かすことができない身近な必需品である。また近年、土壌改良や調湿・脱臭などにも使用されるなど、その用途は広い。私たち日本人が営々と築き上げてきた生活文化の一部は、今も健在である。

壽也《としや》氏の語りのなかで、子どもたちの仕事に縄綯《なわな》い作業があったことには驚かされた。小さく柔らかい子どもの手で、硬い藁《わら》を扱うことが可能なのか。

昭和前期、農家にとって縄は日常の作業には欠かすことのできない消耗品だった。田んぼをもたない者には藁自体がなかったが、縄の購入は不可欠だったため、農家が副業としてつくっても飛ぶように売れたという。

「わらすごき」　伊藤敬太郎　尋６

「わらうち」　植松久子　尋５

まだ製縄機《せいじょうき》が一般に普及していなかった時代、子どもたちが小さな手に痛みを感じながら綯う縄は、撚《よ》りのかかり方が不揃《ふぞろ》いのうえ細くて丈夫さに欠けるとはいえ、用途に応じた使い方がなされたのだ。

「ぞうりつくり」　沼沢フミ子　尋4

「たらばすつくり」　作者不明　尋5

「手ならい」　鈴木彦太郎　尋5

農家経済が逼迫していた当時、及位《のぞき》村塩根川《しおねがわ》地区の青年団「塩根川向上会」では、昭和天皇大礼記念事業として、一か月に一把《わ》（五〇尋《ひろ》、一尋を六尺として約九〇メートル）の縄の納入を会員に義務づけ、それを販売して活動費に充てていた。記録によると、安いときで一把三銭、高いときでは六銭でそれらを販売し、一年間平均一三円ほどの収入を得ていた（「塩根川向上会記録群」）。

製縄機の普及によって、子どもたちは縄綯いから解放された。当地の家族にとって、子どもの躾《しつけ》の基本は、毎日まじめに働くこと、すなわち労働の躾であった。

耕地が狭く日照時間が短い及位では、平野部に比較して米の収量が極端に少ないため、農業収入だけでは生活することができなかった。それゆえ、副業と出稼ぎで生活したといっても過言ではない。

また、日々の家事や薪集め・雪対策、村落共同体の仕事や営林署の義務人夫など、山に関わる仕事を避けて通ることはできなかった。作業の種類と量が多いため、一家にとっては子どもといえども重要な労働力だったのだ。

壽也氏の語りのなかに登場しなかった縄など、藁を使った生活必需品をつくるために必要な準備は、どのように進められたのか。思うに、乾燥した藁は、あとの作業を容易にするため、仕上がりをきれいに整えるために事前の処理が必要だろう。そのような作業も含めて、「想画」たちが詳しく語ってくれる。藁を「すごいて」切り揃え、叩いてやわらかくしたあとに縄や筵《むしろ》・俵・沓《くつ》など、生活に不可欠のアイテムを家族総出でつくりだしていくのだ。通常、それらは夜の仕事だったようだ。

及位の共働精神

炭焼きに関しては、壽也《としや》氏自身が石窯を巻いた経験からか、語りにも力がこもった。炭を焼く前提である「製炭組合」の組織化から「山分け」作業・炭窯と小屋の建造過程・炭出しまで、具体的で素人にもわかりやすい。また、石窯の建造にも住民の共助が発動されていた。「よえ」(結)と呼ばれた助け合いの精神は、本業の農業ばかりではなかったのだ。

さて、壽也氏の語りのなかに、控えめながら塩根川《しおねがわ》に住む人びとへの信頼と誇りが感じられるひと言があった(一〇三頁)。

当時、炭焼きにも運搬人にも、なんとか自分の名前だけは書くことができる人がおりました。この条件下で何十年ものあいだ、一俵の取り違いも紛失もありませんでしたから、われわれ塩根川に住む者たちの正直な人間性を誇りに思ってもよいのではないでしょうか。

当時の、ムラのケーヤク（契約）は信頼に基づく不文律でしたが、それでも皆従った、その見えない力が、日常生活のさまざまな局面で発揮されたのだと思います。

壽也氏の副業は、製炭・養蚕・ゼンマイ採取販売、そして山ブドウ採取によるジュースつくり。ちなみに一シーズンの山ブドウの最高採取は、二七日間で一日平均一〇〇キロ、合計二・七トンに達したという。

山ブドウ

だから一年中忙しいです、山がありますから。

と、山どこで暮らす人の実感のこもった言葉が聞かれた。

やがて時代がくだり、養蚕もなくなって製炭も減少したことに加え、機械化が農作業を大幅に軽減した。半面、農機具の購入や子どもの教育年限延長に伴う費用が増大した。したがって、とりわけ本文（一三七〜一四三頁）で具体的に示した、ゼンマイなどの山菜採取販売は、現金収入の道としてより重要性が増していた。

無口な山どこの人びとは、厳しい自然環境のなかでも生き抜くための共助・共働精神など、信頼に足りうる「見えない力」に規定され、それを受け継いで静かに強《したた》かに生きてきたのである。

Kさんとまきこさん

壽也《としや》氏の家は山村とはいえ、及位《のぞき》村でも三町歩《ちょうぶ》（約三万平方メートル）という大きな田んぼを耕作したうえに、製炭や山菜採取・加工・販売などを副業として生計を立てていた自作農家だった。したがって、家族が食料に困るという事態に陥った経験は、おそらくほとんどなかっただろう。田畑の耕作面積が広かったことに加え、健康で働き者の男性成員に恵まれたことも幸いだった。

しかし、彼の家とは反対に、男性成員不在のうえ子だくさんのために、明日の米にも困って、数年にいちどしか実がつかない「笹米《ささごめ》」（笹の実）を食べなければならないほど生活に困窮した、多くの零細農家があったことを見逃してはならないだろう。Kさんの家は、まさにそのような家庭だった。

私がKさん宅を初めて訪問したのは、平成一五年（二〇〇三）三月一七日である。その日は、まきこさんにお目にかかるはずであった。しかし、直前になって、彼女の頭の腫瘍《しゅよう》除去手術のために予定を変え、友人のKさんをご紹介いただいた。

Kさんは初対面だというのに、野菜の煮物やお茶菓子などを用意して、私の訪問を待っていてくれた。そして簡単な挨拶のあとの言葉。

たった三〇〇円でだぜ、売らっていった、売らっていったとおなしだべ（同じことでしょう）、（親が）金とったもんだがなや。

ため込んだ怒りを吐き出すようなひと言で、私は黙ってしまった。言葉を選ぶこともなく、彼女は感情のおもむくままに自身の体験を語り続けた。私は、「そうですか」「お辛かったですね」などと、間抜けな相槌《あいづち》を打つほか、心の余裕をもつことができなかった。

そのうえ、録音した約二時間分の音声データを、一言一句漏らさずに活字に起こすという作業が大仕事だった。耳から入った音が正確かどうかさえ定かではない。方言の壁が大きすぎたのである。結局、話の前後関係や貧弱な想像力を総動員して、わかるところだけを文章に変換するという、苦しい結果にならざるをえなかった。

「大沢ことば」といわれるご当地の方言は、それほど手ごわかったのだ。

それでも、二回、三回、五回と通ううちに多少の進歩はあったようで、この生の資料から、Kさんが子どものときから、私の想像をはるかに超える体験を経て、現在の穏やかな生活に至ったことがわかった。

Kさんの少女期、父親が他界したことによって、ますます生活に困窮した零細農家の母親は、子どもを他人に養育してもらうことでサバイバルせざるをえなかったのだ。実際にKさんは、「親のため」だと自分に言い聞かせながら、不安や悲しみを押し殺していたのであり、七〇年ものあいだ抱えてきた辛い苦しい感情を、私にぶつけたのだと思える。

一方、まきこさんが小学校入学のころの昭和九年（一九三四）、東北地方は冷害による大凶作に見舞われていた。農産物価格の下落で農民の窮乏が深まっているところに、さらなる打撃が与えられたのである。

山形県全県の減収率（過去五か年に対して）は四〇％であったが、最上地方は七三％ともっとも被害が大きかった。[*13] 及位村など山間部では収穫皆無に近い村もあり、借金累積や娘身売り、欠食児童などの話が新聞に掲載され、一大社会問題となっていたことは二二八頁で述べたとおりである。[*14]

安楽城《あらき》村でも相当の被害があっただろうが、幼かったまきこさんは記憶していない。彼女の青春時代は毎日が農作業だった。家に年寄りがいたため、家事や雑用、子守りなどの必要はなかったが、学校から帰るとすぐ田んぼに出て働いた。耕作地が広いとそれだけ人の手を要する。しかし、兄たちが大勢いたため、早朝から夜遅くまで働いたということはなく、比較的楽をさせてもらったと回想している。

ただ、耕作地が広いばかりに農作業に縛られて、どこにも行くことができなかった。戦時体制に入った日本では、生活物資も不足がちであり、まして少女らしい楽しみはほとんどなかった。それでも青年学校が楽しくて、成長するにつれて責任も負担も大きくなる百姓仕事ではあったが、それを辛いと思うことはなかった。

長瀞《ながとろ》小学校の児童の手になる「たんすかつぎ」の画（二四九頁）は、当地の伝統的な結婚式「むかさり」の行列を表現したものと思われる。

当絵画のなかでは、行列の両側に大勢の人びとがこの光景を見守っている様子が描かれ

［註］13　横山昭男・誉田慶信・伊藤清郎・渡辺信『山形県の歴史』二八七頁、山川出版社、一九九八年。

14　昭和九年一〇月末の婦女子の出稼ぎ状況は、判明しているものだけで芸妓八四一人、娼妓二〇五一人、酌婦三七八一人、合計六六七三人と報告されている（帝国農会『東北地方農村に関する調査　凶作編』二八六頁、昭和一〇年）。

ていて興味を誘う。平枝《ひらえだ》地区の大農家の長男への嫁入りは、近所の人びとも手伝い、酒や料理などもふるまわれて、にぎやかに行われたものと推測される。

昭和五〇年代の、まきこさんのご長男の結婚式は、この伝統的な「むかさり」を再現したといい、私はその映像を見せていただいた。

映像のなかでたんすを担ぐ若者は、早ばやと祝い酒をいただいたのか千鳥足で、近隣の人びとの祝福のなか、花嫁が自宅を出るときから婚家に到着したあとも唄を歌い続ける。映像では歌詞まではわからない。しかし、この婚礼が当地の行事であったことは理解でき、まきこさんご本人の「むかさり」もさぞや、と想像された。

ところで、前出のKさんの夫のIさんは、この地区一番の美声の持ち主だったそうだ。そのため、婚礼でたびたび歌ったという。まきこさんの婚礼でIさんが歌ったかどうかを聞くことができなかったのが残念だ。

個が重視される現在でさえ、結婚式の多くはイエとイエとの婚礼という形式が採られる。しかし、昭和初期の婚姻は、さらに近隣の人びとも参加して挙行された地域の一大イベントだった。平枝の「むかさり」もまた消えた文化であろう。

私がまきこさんの家を初めて訪れたのは、平成一五年（二〇〇三）五月二八日である。茅葺《かやぶ》き屋根を目印に来るよう告げられていたが、着いてその大きさに圧倒された。間口は

「たんすかつぎ」　鈴木国造　高１

「むかさり風景」　© 新庄市

まきこさん宅。1963年撮影

一〇間（約一八・二メートル）以上はあっただろう。話に聞く東北地方特有の曲屋《まがりや》である。実際、中に入れていただいたのは、同年八月二七日の平枝の祭りの日であった。玄関を入るとすぐ左側に二頭分の厩《うまや》があり、反対側には農機具や作業スペース。台所や風呂場には改築の跡があった。その当時は塞いであったが、大きな囲炉裏《いろり》のある部屋と続きで二〇畳ほどの座敷があった。

当時、二度目の夫も亡くなって七年が経過していた。まきこさんは実家も嫁ぎ先も大農家であったため、自家用飯米には困らなかったものの、毎日農作業に明け暮れ、姑や小姑たちにいじめられて精神的負担が大きく、土方《どかた》仕事にすら出ることができなかった。そのうえ夫の死である。その意味では、一〇歳で子守りに出されたのちも女中や紡績会社などに「身売り」された、仲良しのKさんに劣らず苦労をしたと回想している。

ほんてー不思議なもんだなや、ほげたびんぼばなし（そんな貧乏話）、語ったこたねーのに、とうきょ（東京）のかーちゃんさ聞かへてなー。

長いあいだ押し殺していた胸の内を、やっと吐き出すことができたようだ。何も知らない他所《よそ》の人間が肯定も否定もすることなく耳を傾けることで、話者が楽になることがあるのだろうか。

ところで、家の大きさを見ると、耕作地のおおよその広さがわかることを教えてくれたのは、相棒の壽也氏である。

余談になるが、壽也氏によると、人気テレビドラマの『おしん』の生家は、間口からみて一町歩《ちょうぶ》くらいを耕作する農家だろうということだった。

製作者がそこまで考慮してセットをつくったかどうかは不明だが、一町歩の田があって、両親揃《そろ》っていたならば、幼い娘を奉公に出す必要はなかったのではないか、とは氏の意見である。

ともかく家の大きさからみると、まきこさん宅は相当大きな農家だったことがわかる。もっともすでに屋根が劣化して、茅《かや》を刈る労力もない、屋根葺《ふ》き職人も高齢のために廃業したということで、その春、家の隣にこぢんまりとしたモダンな家を新築して、そちらに引っ越した。

しかし、まきこさんは、最新式のキッチンにはなかなかなじむことができず、古い家に戻って煮炊きをしていた。

おわりに

長瀞《ながとろ》小学校「想画」との出会いは、私にとって衝撃的な出来事だった。全国的な農村不況のうえに戦争が拡大するなか、とりわけ冷害を被りやすい東北農村に住む人びとの暮らしの厳しさは察して余りある。おそらく、作者の父や兄、親族の一部の人たちは戦地へと赴いていっただろう。

しかし、「想画」が放つ明るさと強烈なメッセージは、苦しさや辛さではない。では、観る者をこんなにも引きつけるのはなぜか。

生活綴方《つづりかた》を指導した国分一太郎《こくぶんいちたろう》は、子どもたちに次のように言い聞かせたという。

画用紙の中に、生活のある場面を、よいところに入れた人の絵には、生活の詳しさが入り、生活の精神が入るのだ。

（『画文集　昭和の記憶』）

「だらかつぎ」菊池庄之助　尋5

実際に多くの画で、子どもたちは着物の柄までも丁寧に描き込んでいる。上の画のように、ツギの当たったズボンをはいて肥桶《こえおけ》を担ぐ人や、前かがみで農作業する人の多少O脚ぎみの後ろ姿は、日々の過重労働を連想させ、なぜか懐かしさすら感じさせる。

これらの画は、昭和の農村でみられた一般的な姿であろう。

おそらく想画の作者たちは、親たちの経済的な苦労を感じ取っていただろう。そんな彼らの鋭い感性が、複雑な感情を抱えながらも、生きるために淡々と日常の作業をこなす人びとの姿を詳細に描いた。そのような緻密な作業が、画たちに力強さを与え、観る者を感動させるのだと思える。

佐《さ》藤壽也《とうとしや》氏の語りからは山村で生きる人びとの生活技術が、そして後半で採り上げたKさんやまきこさんからは、比較的裕福な農家の長男である壽也氏の視点ではとらえきれない、農村に住む女性や子どもの苦労・苦悩といった内面が伝えられた。

「肥料積サ」

「想画」との出会いが、農山村や農業のことをまったく知らない私に、その文化の一端を視覚でとらえさせて理解を促し、拙《つたな》い文章ながら綴《つづ》ることを可能にした。

このたび、本書の主たる語り手である相棒の佐藤壽也氏の突然の逝去から二年を経て上梓することができました。着想から六年目です。氏の供養にと本書の刊行を思い立ったあとには、躊躇なく執筆に取り組むことができました。長瀞小学校の「想画」に協力を仰ぐことに思い至ったことは、故人の采配のように思われ、一緒にゴールしたという満足感を得ています。

ご協力いただいた、山形県東根《ひがしね》市教育委員会様、長瀞小学校画文集刊行会の皆様と「想画」たち、国分一太郎先生とご長男様、挿絵をご提供いただいた佐藤廣《ひろし》先生および林野庁の平田美紗子様、壽也氏のご遺族様、Kさん、まきこさん、ありがとうございました。
そして本書を見事に仕上げてくださいました敬文舎様に心から感謝します。

佐藤壽也　略歴

昭和　三年一二月　旧山形県最上郡及位《のぞき》村塩根《しおね》川《がわ》生まれ
昭和四二年～六二年　真《ま》室川《むろがわ》町立及位小学校・中《なか》の股《また》冬季分校助教諭
平成三〇年一二月　『記憶の中の旋律　及位の童歌』刊行
令和　四年六月　逝去

壽也さん、お疲れさまでした。そして、ありがとう。
ゆっくりお休みください。

令和六年八月吉日

日置　麗香

聞き書き 山どこ及位その日その日
——山形県最北部の山村にみる昭和の暮らし

2024年9月30日　第1版第1刷発行

著　者　日置 麗香
発行者　柳町 敬直
発行所　株式会社 敬文舎
〒160-0023　東京都新宿区西新宿 3-3-23
ファミール西新宿 405号
電話　03-6302-0699（編集・販売）
URL　http://k-bun.co.jp
印刷・製本　中央精版印刷株式会社

造本には十分注意をしておりますが、万一、乱丁、落丁本などがございましたら、小社宛てにお送りください。送料小社負担にてお取替えいたします。

Printed in Japan ISBN978-4-911104-07-1